经济管理学术文库·管理类

小城镇公共服务供给结构：
理论与实证分析

The supply structure of public service in small towns:
theoretical and empirical analysis

许 莉／著

图书在版编目（CIP）数据

小城镇公共服务供给结构：理论与实证分析/许莉著.—北京：经济管理出版社，2017.10
ISBN 978-7-5096-5450-7

Ⅰ.①小… Ⅱ.①许… Ⅲ.①小城镇—公共服务—研究—中国 Ⅳ.①D669.3

中国版本图书馆 CIP 数据核字（2017）第 258147 号

组稿编辑：宋　娜
责任编辑：高　娅
责任印制：黄章平
责任校对：赵天宇

出版发行：经济管理出版社
　　　　　（北京市海淀区北蜂窝 8 号中雅大厦 A 座 11 层　100038）
网　　址：www.E-mp.com.cn
电　　话：（010）51915602
印　　刷：玉田县昊达印刷有限公司
经　　销：新华书店
开　　本：720mm×1000mm/16
印　　张：12
字　　数：188 千字
版　　次：2017 年 10 月第 1 版　2017 年 10 月第 1 次印刷
书　　号：ISBN 978-7-5096-5450-7
定　　价：88.00 元

·版权所有　翻印必究·
凡购本社图书，如有印装错误，由本社读者服务部负责调换。
联系地址：北京阜外月坛北小街 2 号
电话：（010）68022974　　邮编：100836

前 言

2014年3月16日,指导中国新型城镇化道路的纲领性文件《国家新型城镇化规划(2014~2020年)》正式发布。规划提出,要通过加强综合交通网络和信息网络的连接,加强产业和公共资源布局的引导,适当疏散转移特大城市的经济功能和其他功能,增强城市群内中小城市和小城镇集聚经济、人口的能力。在发挥中心城市辐射带动作用的同时,要加快中小城市的发展,有重点地发展小城镇。毋庸置疑,小城镇是统筹城乡发展的空间节点,在城镇结构体系中,具有基础性的地位。而公共服务供给深刻影响着小城镇各类资源和产业的集聚能力,对推进城镇化和统筹城乡发展至关重要。根据现有国情,公共服务供给总量不足的问题是长期存在的,当前最迫切的问题是公共服务供给结构失衡。基于以上背景,本书围绕小城镇公共服务供给结构进行论证。

本书尝试从小城镇公共服务供给区域结构、内容结构和主体结构三维视角系统研究小城镇公共服务供给,在此基础上,有针对性地进行制度创新和政策调整,为政府推进我国小城镇公共服务均衡、有序和有效供给,进而促进新型城镇化建设持续、健康发展提供实践参考和决策支持。本书研究的重点是:如何正确认识和科学评价我国现有小城镇公共服务供给?小城镇公共服务供给是否存在空间溢出效应?小城镇公共服务供给内容结构如何有效调整?如何实现社会资源的多元化整合,推进小城镇公共服务供给主体多元化发展?

本书的主要结论是:第一,通过主成分分析的测量结果可以发现,2007年、2009年、2011年和2012年四年间,15个省(直辖市、自治区)的小城镇公共服务供给依托其政策、资源等优势,公共服务供给水平有所改善并呈现出上升态势；而另外15个省（直辖市、自治区）的小城镇公共服务供给水平有所下滑，呈现出下降态势，总体而言，30个省（直辖市、自治区）的小城镇公共服务水平差距悬殊，呈现出两极分化的发展趋势。第二，通过全局莫兰指数（Global Moran's I）的测算发现，2007年、2009年、2011年和2012年四年间，各省（直辖市、自治区）小城镇公共服务供给水平存在空间正相关关系，局域莫兰指数（Local Moran's I）进一步揭示，高水平集聚的省份大部分集中在我国的东部地区和部分中部地区，而低水平的集聚主要集中在东北和西部地区。第三，基于城镇化贡献率和居民需求二维视角结合的小城镇公共服务供给排序结果表明，公共服务供给与经济发展双强匹配型地区的供给优先序为：文化娱乐、医疗卫生、教育、社会保障、基础设施。公共服务供给与经济发展双弱匹配型地区的供给优先序为：基础设施、教育、医疗卫生、文化娱乐、社会保障。经济发展领先于公共服务供给型地区的供给优先序为：文化娱乐、教育、医疗卫生、社会保障、基础设施。公共服务供给领先于经济发展型地区的供给优先序为：基础设施、教育、文化娱乐、医疗卫生、社会保障。第四，在实现公共利益的过程中，要保证小城镇公共服务供给主体合作网络顺利运行，就需要重视以下各个方面：遴选各供给主体的参与机制、保证合作网络有效运行的支撑机制、协调不同供给主体利益的利益整合机制、调整各供给主体行为的合作机制、规范各供给主体权责的约束保障机制。

目 录

第一章 绪 论 ... 1

第一节 研究背景与缘由 ... 1
第二节 概念界定与研究范围 ... 2
一、概念界定 ... 2
二、研究范围 ... 4
第三节 文献评述与研究目的 ... 5
一、文献评述 ... 5
二、研究目的 ... 12
第四节 研究意义、研究方法及数据来源 ... 12
一、研究意义 ... 12
二、研究方法 ... 13
三、数据来源 ... 14
第五节 研究内容和技术路线 ... 14
一、研究内容 ... 14
二、技术路线 ... 16
第六节 研究创新点 ... 17

第二章 小城镇公共服务供给结构的理论阐述 ... 19

第一节 基本理论工具 ... 19
一、公共产品理论 ... 19
二、公共选择理论 ... 22
三、空间经济理论 ... 24

四、公共价值理论 …………………………………………… 26
第二节　小城镇公共服务供给结构促进经济增长的内在机理 …… 29
　　一、小城镇公共服务供给区域结构与经济增长 …………… 29
　　二、小城镇公共服务供给内容结构与经济增长 …………… 31
　　三、小城镇公共服务供给主体结构与经济增长 …………… 33

第三章　小城镇公共服务供给结构的现状分析 …………………… 35

第一节　小城镇公共服务供给区域结构失衡 ……………………… 35
　　一、运用变异系数衡量小城镇公共服务供给的地区差异 … 36
　　二、运用基尼系数衡量小城镇公共服务供给的地区差异 … 37
　　三、运用泰尔指数衡量小城镇公共服务供给的地区差异 … 39
第二节　小城镇公共服务供给内容结构失衡 ……………………… 49
　　一、小城镇公共服务需求差异的影响因素 ………………… 49
　　二、小城镇公共服务供给没有根据需求的差异动态调整 … 55
第三节　小城镇公共服务供给主体结构失衡 ……………………… 56
　　一、作为核心供给主体的政府已经力不从心 ……………… 56
　　二、非政府供给主体的作用没有得到有效发挥 …………… 57
第四节　本章小结 …………………………………………………… 58

第四章　基于空间关联效应的小城镇公共服务供给区域结构分析 …………………………………………………………… 61

第一节　小城镇公共服务供给水平的综合评价 …………………… 61
　　一、小城镇公共服务供给指标体系的构建 ………………… 62
　　二、小城镇公共服务供给评价的数据来源 ………………… 64
　　三、小城镇公共服务供给评价的方法及过程 ……………… 64
　　四、小城镇公共服务供给评价的结果 ……………………… 70
第二节　小城镇公共服务供给水平的聚类分析 …………………… 74
　　一、小城镇公共服务供给水平的聚类过程分析 …………… 74
　　二、小城镇公共服务供给水平的聚类结果分析 …………… 75

第三节 小城镇公共服务供给的空间相关性 ················· 77
   一、小城镇公共服务供给的总体空间关联状况 ············ 77
   二、小城镇公共服务供给的局部空间关联模式 ············ 80
第四节 本章小结 ·· 83

第五章 基于城镇化贡献率及居民需求的小城镇公共服务供给内容结构分析 ················· 85

第一节 基于城镇化贡献率的小城镇公共服务供给优先序分析 ····· 86
   一、城镇化水平的空间关联效应分析 ···················· 86
   二、公共服务供给对城镇化影响的空间模型构建 ·········· 88
   三、实证分析及结果 ·································· 91
第二节 基于调查问卷的小城镇公共服务需求优先序分析 ········ 98
   一、小城镇公共服务供给与经济匹配度测算 ·············· 98
   二、问卷设计与调研概况 ····························· 100
   三、调研样本的描述性统计分析 ······················· 102
   四、四类不同地区小城镇居民对公共服务的需求优先序分析 ··· 109
第三节 双向结合的小城镇公共服务供给优先序分析 ··········· 123
第四节 本章小结 ······································· 124

第六章 基于网络治理理论的小城镇公共服务供给主体结构分析 ················· 127

第一节 网络治理的理论内涵 ····························· 127
第二节 小城镇公共服务供给主体合作网络的构建 ············· 130
   一、小城镇公共服务供给主体的界定 ··················· 130
   二、小城镇公共服务供给主体合作网络的运行机制 ······· 135
   三、小城镇公共服务供给主体合作网络的模型 ··········· 137
第三节 多元主体合作供给公共服务的个案考察 ··············· 139
   一、S村概况 ······································· 139

二、S村修建村组公路的背景 …………………………………… 139
　　三、S村修建村组公路的筹资情况 ……………………………… 140
　　四、各供给主体的角色和作用 …………………………………… 140
　第四节　本章小结 …………………………………………………… 143

第七章　小城镇公共服务供给结构优化的对策建议 ………………… 145
　第一节　现阶段我国小城镇公共服务供给的基本原则 …………… 145
　　一、统筹协调，区域联动 ………………………………………… 145
　　二、因地制宜，科学规划 ………………………………………… 146
　　三、创新机制，注重绩效 ………………………………………… 146
　第二节　优化小城镇公共服务供给结构的对策建议 ……………… 147
　　一、促进经济增长，实现小城镇公共服务供给可持续、协调
　　　　发展 …………………………………………………………… 147
　　二、加强省域之间的互动与合作，形成地区间小城镇公共服务供给
　　　　联动局面 ……………………………………………………… 148
　　三、动态、灵活地调整小城镇公共服务供给内容 …………… 149
　　四、发挥政府引导作用，构建和完善小城镇公共服务供给主体合作
　　　　网络 …………………………………………………………… 150
　第三节　本章小结 …………………………………………………… 152

第八章　研究结论、不足与展望 ………………………………………… 153
　第一节　研究结论 …………………………………………………… 153
　第二节　研究不足与展望 …………………………………………… 156

附　录 ……………………………………………………………………… 157
　附录一　小城镇公共服务需求状况调查表 ………………………… 157
　附录二　2007年、2009年、2011年小城镇公共服务供给水平评价
　　　　　过程 ………………………………………………………… 160

参考文献 …………………………………………………………………… 177

第一章 绪 论

第一节 研究背景与缘由

  1983年，我国著名的社会人类学家费孝通发表了《小城镇大问题》一文，使得发展小城镇一度成为备受关注的话题，随后中国选择了大中小城市和小城镇协调发展的道路，但在实践中却出现了追求大城市扩张的偏向，农村的衰落和空心化成为城市化发展面临的新问题。今天，新型城镇化再一次成为社会热议的话题。2012年11月8日，中共十八大强调"科学规划城市群规模和布局，增强中小城市和小城镇产业发展、公共服务、吸纳就业、人口集聚功能"。2013年11月12日，中国共产党第十八届中央委员会第三次全体会议通过的《中共中央关于全面深化改革若干重大问题的决定》提出，要"完善城镇化发展体制机制，坚持走中国特色新型城镇化道路，推进以人为核心的城镇化，推动大中小城市和小城镇协调发展、产业和城镇融合发展，促进城镇化和新农村建设协调推进"。2014年3月16日，指导中国新型城镇化道路的纲领性文件《国家新型城镇化规划（2014~2020年）》正式发布。规划提出，"要通过加强综合交通网络和信息网络的连接，加强产业和公共资源布局的引导，适当疏散转移特大城市的经济功能和其他功能，增强城市群内中小城市和小城镇集聚经济、人口的能力。在发挥中心城市辐射带动作用的同时，要加快中小城市的发展,有重点地发展小城镇"①。

这一系列政策的出台,为新时期加快小城镇建设营造了良好的外部环境。毋庸置疑,处于"城市之尾,农村之首"的小城镇具有城乡的双重特点,在资源聚集和经济辐射带动功能方面具有自身独特的优势,是城乡统筹的着力点和发力点,在城镇结构体系中,具有基础性的地位,对推进新型城镇化建设和推动国民经济增长意义重大。当然,小城镇要保持持续健康发展,就需要聚集人流、商流、物流、资金流、信息流等各类资源,而小城镇公共服务供给深刻影响着小城镇各类资源和产业的集聚能力,对推进城镇化和统筹城乡发展至关重要。

从发展的角度看,量多质优的小城镇公共服务供给增强了小城镇对资源和产业的集聚力,加快了小城镇的发展速度,小城镇经济发展反过来又为小城镇公共服务供给提供了更为可靠的财政支持和保障,小城镇公共服务供给与小城镇经济发展相辅相成、相互促进,两者进入良性循环发展的轨道;相反,量少质差的小城镇公共服务供给则会降低小城镇的集聚力,造成弱者恒弱的恶性循环。根据现有国情,公共服务供给的总量不足是长期存在的,当前最迫切的问题是公共服务供给结构失衡。基于以上背景,本书围绕小城镇公共服务供给结构进行论证。

第二节 概念界定与研究范围

一、概念界定

小城镇公共服务作为公共服务系统的一个子系统,既具备公共服务的本质属性,又明显地被打上了"小城镇"的烙印。

---

① http://www.gov.cn/gongbao/content/2014/content_2644805.htm.

(一) 小城镇范围的界定

关于小城镇概念的覆盖范围,不同的学科有不同的界定。概括起来主要有以下四种观点:第一种观点认为,小城镇就是建制镇,建制镇是按国家行政区划设置的一级行政区域,在不同地区和不同发展阶段会进行调整。1984年,国务院转批民政部《关于调整建制镇标准的报告》,第三次对我国设镇的规定进行了调整。第二种观点认为,小城镇包括建制镇和集镇。根据国务院1993年发布的《村庄和集镇规划建设管理条例》,集镇是指"乡、民族乡人民政府所在地和经县级人民政府确认由集市发展而成的作为农村一定区域经济、文化和生活服务中心的非建制镇"[①]。第三种观点认为,小城镇应该包括建制镇和小城市。这里的小城市是指规模较小、人口少于20万的小城市(县级市)。第四种观点认为,小城镇应该包括小城市、建制镇和集镇。这种观点以建制镇为基准,将小城镇范围向外延伸,涵盖了功能和规模与建制镇相近的小城市和集镇。

考虑到数据资料的可获得性及研究成果的可靠性,本书采用第一种观点,也就是认为小城镇是指国家批准的建制镇,包括县(市)政府驻地镇和其他建制镇,同时具有一定的人口、工业和商业集聚规模,是当地的行政、经济和文化中心。

(二) 小城镇公共服务的概念

小城镇公共服务具有一般公共服务的特征,即具有消费的非竞争性、受益的非排他性和效用的不可分性。小城镇公共服务很大一部分属于准公共产品,其特点是:一是具有效益上的外溢性,指社会和个人可以同时受益;二是消费上并非具有完全的非竞争性,这主要是指增加一个消费者的边际成本并不为零,随着供给范围的扩大,其成本也呈现一定程度的增加;三是受益上并非具有完全的非排他性。综合考虑上述关于小城镇及小城镇公共服务的内涵,本书认为小城镇公共服务是指区别于小城镇私人产品,在小城镇地域范围内的、用于满足小城镇社会公共需要的、具有程度不等的非竞争性和非排他性的社会产品。

---

① http://www.mohurd.gov.cn/zcfg/xzfg/200611/t20061101_158933.html。

(三)小城镇公共服务供给结构的界定

"结构"是指组成整体的各部分的搭配和排列[①]。从这一基本含义出发,本书把小城镇公共服务供给结构界定为小城镇公共服务供给各个组成部分的搭配和排序,主要包括供给区域结构、供给内容结构和供给主体结构。供给区域结构是指各省域内公共服务的配置状况及省域间公共服务供给的外溢性及相互依赖性。供给内容结构是指供给的公共服务种类及各类公共服务之间的搭配排序。供给主体结构是指公共服务供给者的构成及其搭配比例。

二、研究范围

小城镇公共服务种类繁多,软硬有异,公共性程度也有所不同。鉴于本书的研究目标和数据资料的可获得性,本书将研究中涉及的小城镇公共服务归为如下五大类:小城镇基础设施类公共服务,包括道路、供电、供水、供气、排水、公共交通、通信设施、环境卫生设施等;小城镇教育类公共服务,主要指中小学幼儿园软硬件教育设施;小城镇医疗类公共服务,主要指医疗卫生保健软硬件相关设施;小城镇社会保障类公共服务,主要指养老服务软硬件相关设施;小城镇文化娱乐类公共服务,主要指图书馆、文化馆设施和体育健身设施。

[①] 中国社会科学院语言研究所词典编辑室.现代汉语词典[M].北京:商务印书馆,1987.

第三节 文献评述与研究目的

一、文献评述

(一) 国外研究评述

国外学者关于公共服务问题的研究成果颇丰,形成了一系列有价值的文献,与本书相关的成果主要有以下四个方面:公共服务供给地区均衡;公共服务供给溢出效应;公共服务供给与需求相结合;公共服务多元化供给。

1. 公共服务供给地区均衡

Thompson (1963)[1]指出,美国农村地区公共产品需求不断持续上涨,而公共产品供给无法满足这一需求。即使农村公共产品供给有所增加,但仍滞后于城市地区。Barkley (1974)[2]认为,公共产品供给成本会随着人口密度的增加而降低,因此相比城市来说,农村公共产品的供给成本更高,公共产品的供给状况相对更为落后。Zimmerman (1990)[3]指出,与城市居民相比,农村居民只获得了较少的健康保险和预防性医疗服务,农村社区医疗和卫生保健供给不足。Carol 等 (2002)[4]则用博弈模型研究了国家如何在各地区之间转移财政收入、税收等资源,减少地区间的不平等。Berkowitz (2004)[5]认

---

[1] John E. Thompson. Meeting Unfilled Public Service Needs in Rural Areas [J]. Journal of Farm Economics, 1963, 45 (5): 1140-1147.

[2] Barkley Paul W. Public Goods in Rural Areas: Problems, Policies, and Population [J]. American Journal of Agricultural Economics, 1974, 56 (5): 1135-1142.

[3] Marc A. Zimmerman. Citizen Participation in Rural Health: A Promising Resource [J]. Journal of Public Health Policy, 1990, 11 (3): 323-340.

[4] Carol Mansfield, George L. van Houtven, Joel Huber. Compensating for Public Harms: Why Public Goods Are Preferred to Money [J]. Land Economics, 2002, 78 (3): 368-389.

[5] Bobbie Berkowitz. Rural Public Health Service Delivery: Promising New Directions [J]. American Journal of Public Health, 2004, 94 (10): 1678-1681.

为，资源不足、资金供给水平低、缺乏专业医师、交通不便、医疗服务需要覆盖的区域范围广等都是美国农村医疗面临的困境。

2. 公共服务供给溢出效应

Case 等（1993）[①]把空间计量模型引入对地方政府竞争的研究，指出即使受到外在的固定效应和随机冲击的影响，本地的公共支出水平也明显受到了相邻地区公共支出水平的影响。Holtz-Eakin 和 Schwartz（1995）[②]把区域公共基础设施变量加入传统生产函数中，实证分析公共基础设施的空间溢出效应，发现州际公路的受益范围并不仅仅局限于本州，而且对相邻地区也会产生溢出效应。Boarnet（1998）[③]运用美国加利福尼亚各县 1969~1988 年的数据，测试了公路设施的空间溢出效应。Besley 和 Coateb（2003）[④]发现，具有溢出效用的公共产品供给效率与集权、分权体制及地区间公共支出偏好的差异有关。Baicker（2005）[⑤]证实了美国州际溢出效应的存在，并根据"邻居"的不同定义，发现溢出效应大小存在差异。Albert（2006）[⑥]运用 1999 年西班牙 2500 多个地方政府的数据研究地方政府的支出是否会产生溢出效应，发现地区财政支出会使相邻地区受益。Francis 和 Unal（2007）[⑦]分析了外溢效应在对称和非对称的情况下，地方公共物品的提供对司法管辖区以外相邻地区的积极外溢性。

[①] Case Anne C., James R. Hines Jr., Harvey S. Rosen. Budget Spillovers and Fiscal Policy Interdependence [J]. Journal of Public Economics, 1993, 52 (3): 285-307.

[②] Holtz-Eakin Douglas, Amy Ellen Schwartz. Spatial Productivity Spillovers from Public Infrastructure: Evidence from State Highway [J]. International Tax and Public Finance, 1995, 2 (3): 459-468.

[③] Boarnet M. G. Spillover, Locational Effects of Public Infrastructure [J]. Journal of Regional Science, 1998, 38 (3): 381-400.

[④] Timothy Besley, Stephen Coateb. Centralized versus Decentralized Provision of Local Public Goods: A Political Economy Approach [J]. Journal of Public Economics, 2003, 87 (12): 2611-2637.

[⑤] Baicker Katherine. The Spillover Effect of State Spending [J]. Journal of Public Economics, 2005, 89 (2): 529-544.

[⑥] Albert Solé-Ollé. Expenditure Spillovers and Fiscal Interactions: An Empirical Evidence from Local Governments in Spain [J]. Journal of Urban Economics, 2006, 59 (1): 32-53.

[⑦] Francis Bloch, Unal Zenginobuz. The Effect of Spillovers on the Provision of Local Public Goods [J]. Review of Economic Design, 2007, 11 (3): 199-216.

3. 公共服务供给与需求相结合

需求表达的方法主要有两类：一是间接法，即用可观察到的市场数据揭示公共产品的需求，比如采用交通成本法（Travel Cost Method）、价格特征法（Hedonic Approach）来推导他们对公共产品的偏好。Tyrvainen（1997）[1]利用芬兰约恩苏这个拥有48000个居民小镇的公寓销售数据，在控制了公寓特征、地理位置、环境质量等变量的情况下，运用价格特征方法实证分析了人们对约恩苏地区城市绿地的需求状况。Font（2000）[2]指出，交通成本法可用于衡量旅行者对于环境保护项目的需求情况。基于这一思想，他首次构建了有助于我们预测旅行者是否愿意参与环境保护活动及参与频率的旅行者行为模型。Salazar和Menendez（2005）[3]运用价格特征法分析了公共部门和私人部门供给工业用地的价格差异，认为与公路的距离、与商业区的距离、与省会城市的距离，这三种距离是影响工业用地价格的重要因素。Fleming和Cook（2008）[4]运用交通成本法对澳大利亚的弗雷泽岛和麦肯齐湖进行了估计。二是直接法，即用投票方法和经验调查法识别公众对公共产品的需求。比如采用或有估价法（Contingent Valuation Method）来获取公众对公共产品的需求或支付意愿。Lee和Han（2002）[5]运用或有估价法预测国家公园的使用和保留价值，从而发现人们对国家公园的需求偏好。Vossler和Kerkvliet（2003）[6]进一步验证了或有估价法的预测结果与实际结果没有显著差异。同时，Fujii

---

[1] Tyrvainen J. The Amenity Value of the Urban Forest: An Application of the Hedonic Pricing Method [J]. Journal of Architectural Engineering, 1997, 37（3）: 211-222.

[2] Antoni Riera Font. Mass Tourism and the Demand for Protected Natural Areas: A Travel Cost Approach [J]. Journal of Environmental Economics and Management, 2000, 39（1）: 97-116.

[3] Salvador del Saz-Salazar, Leandro Garcia-Menendez. Public Provision versus Private Provision of Industrial Land [J]. Land Use Policy, 2005, 22（3）: 215-223.

[4] Fleming Christopher M., Cook Averil. The Recreational Value of Lake Mckenzie, Fraser Island: An Application of the Travel Cost Method [J]. Tourism Management, 2008, 29（6）: 1197-1205.

[5] Choong-Ki Lee, Sang-Yoel Han. Estimating The Use and Preservation Values of National Parks' Tourism Resources Using a Contingent Valuation Method [J]. Tourism Management, 2002, 23（5）: 531-540.

[6] Vossler Christian A., Kerkvliet Joe. A Criterion Validity Test of the Contingent Valuation Method: Comparing Hypothetical and Actual Voting Behavior for A Public Referendum [J]. Journal of Environmental Economics and Management, 2003, 45（3）: 631-649.

等（2004）①发现，或有估价法提高了公共决策程序的公正性和税收的接受性。Amirnejad 等（2006）②借助或有估价法对靠近里海的伊朗北部森林的存在价值进行了预测。

4. 公共服务多元化供给

Hansmann（1980）③、Weisbrod（1986）④提出了政府与第三部门功能互补供给模式，第三部门的出现是市场失灵和政府公共产品供给不足的结果，可以在公共产品供给方面起到重要的补充作用。Wuthnow（1991）⑤则提出了政府、市场、自愿部门三部门提供公共产品的供给模式。Gidron、Kramer 和 Salamon（1992）⑥提出政府主导模式、第三部门支配模式、双重模式和合作伙伴模式来界定政府与第三部门的合作关系。Young（2000）⑦则将政府与第三部门的合作关系更明确地界定为对抗关系、补充关系和合作互补关系三种模式。Denhardt 夫妇（2000）⑧指出，面对公民对公共产品的多元化需求时，政府、公民、社会及市场主体应该进行互动、磋商和谈判，然后一起去实现它。Sita Nataraj Slavov（2014）⑨在动态的背景中比较了不同的供给方式，指出公共产品的私人供给可以促进公共供给效率的提高。Stefano Galavotti

---

① Fujii Satoshi, Kitamura Ryuichi, Suda Hideo. Contingent Valuation Method Can Increase Procedural Justice [J]. Journal of Economic Psychology, 2004, 25 (6): 877–889.

② Hamid Amirnejad, Sadegh Khaliliana, Mohammad H. Assarehb, Majid Ahmadianc. Estimating the Existence Value of North Forests of Iran by Using a Contingent Valuation Method [J]. Ecological Economics, 2006, 58 (4): 665–675.

③ Hansmann H. The Role of Nonprofit Enterprise [J]. Yale Law Journal, 1980, 89 (5): 835–901.

④ Weisbrod B. A. Toward a Theory of the Voluntary Nonprofit Sector in a Three-sector Economy [M]// S. Rose-Ackerman (Ed). The Economics of Nonprofit Institutions: Studies in Structure and Policy. New York: Oxford University Press, 1986.

⑤ Wuthnow R. Between States and Markets: The Voluntary Sector in Comparative Perspective [M]. Princeton: Princeton University Press, 1991.

⑥ Gidron B., Kramer R., Salamon L.M. Government and The Third Sector [M]. San Francisco: Jossey Bass Publishers, 1992.

⑦ Young D. Alternative Models of Government nonprofit Sector Relations: Theoretical and International Perspective [J]. Nonprofit and Voluntary Sector Quarterly, 2000 (29).

⑧ Robert Denhardt, Janet Denhardt. The New Public Service [J]. Public Administration Review, 2000, 60 (6): 549–559.

⑨ Sita Nataraj Slavov. Public Versus Private Provision of Public Goods [J]. Journal of Public Economic Theory, 2014, 16 (2): 222–258.

(2014)[①]认为,如果公共产品的供给决策是分散的,则供给过程中的"搭便车"行为会导致公共产品供给的不足,如果集中决策又可能由于信息的不对称导致供给的无效率。因此,要设计一种机制,把所有的供给主体连接起来,共同供给公共产品。

(二)国内研究评述

国内学界对小城镇公共服务供给的研究比较零星和分散,已有的研究主要集中在以下方面:

1. 小城镇公共服务供给的整体状况、困境及对策建议

有些学者在定性描述小城镇公共服务供给现实状况的基础上,指出小城镇公共服务供给面临的困境和瓶颈,并提出小城镇公共服务供给可持续发展的对策建议(王成周,2004[②];陶永勇,2004[③];李克强,2004[④];宋君,2009[⑤];王超等,2010[⑥])。有些学者则采取描述性统计分析方法,分析小城镇公共服务供给的状况和差异,在此基础上,提出缓解小城镇公共服务供给的针对性的政策和措施(张啸天、翟印礼,2010[⑦];孔祥智等,2012[⑧])。另一些学者(李锐、谢长青,2012[⑨];李晓燕,2012[⑩];许莉、万春,2014[⑪])则通过基尼系数和泰尔指数等方法定量分析了小城镇公共服务供给的地区配置差异。

[①] Stefano Galavotti. Reducing Inefficiency in Public Good Provision Through Linking [J]. Journal of Public Economic Theory, 2014, 16 (3): 427-466.

[②] 王成周. 欠发达地区小城镇公共产品供给途径探析 [J]. 乡镇经济, 2004 (7): 22-23.

[③] 陶永勇. 小城镇发展:公共产品与制度创新 [J]. 农村经济, 2004 (8): 67-69.

[④] 李克强. 小城镇可持续发展中的公共产品供给问题研究 [J]. 中央财经大学学报, 2004 (8): 7-10.

[⑤] 宋君. 苏南小城镇制度性公共物品的可持续供给研究 [J]. 苏州大学学报(哲学社会科学版), 2009 (5): 5-7.

[⑥] 王超,王震,唐欣,鲁松. 小城镇的公共物品供给问题探析 [J]. 中国经贸导刊, 2010 (19): 93.

[⑦] 张啸天,翟印礼. 公共产品供给对小城镇发展的实证研究——基于沈阳市22个小城镇的调查 [J]. 农业经济, 2010 (9): 3-6.

[⑧] 孔祥智,郑力文,何安华. 城乡统筹下的小城镇公共产品供给问题与对策探讨 [J]. 林业经济, 2012 (1): 77-82.

[⑨] 李锐,谢长青. 小城镇公共产品配置公平性研究——基于地理视角 [J]. 农业技术经济, 2012 (6): 22-29.

[⑩] 李晓燕. 小城镇公共服务区域差异研究——基于省际数据的实证分析 [J]. 首都经济贸易大学学报, 2012 (4): 40-45.

[⑪] 许莉,万春. 小城镇公共服务区域性差异测度 [J]. 城市问题, 2014 (9): 60-64.

2. 围绕小城镇基础设施建设的研究

这方面的研究主要包括小城镇基础设施建设中的投融资体制存在的问题及模式创新（胡仁柯，2006①；晏志谦，2008②；杨飞雪等，2010③；倪可婷等，2011④；王元京，2012⑤；熊竟皓，2013⑥）、小城镇基础设施供求均衡（谢长青等，2006⑦；刘建平、李云新，2011⑧）、小城镇基础设施规模经济净收益变化（谢长青、钱文荣，2009⑨）、交通基础设施对城镇化的贡献（柳思维等，2011⑩）。

3. 小城镇教育健康、良性发展的举措

对于小城镇教育的研究集中在以下三个方面：小城镇幼儿教育的现状及社会支持策略（吴立保，2005⑪）；小城镇职业教育发展存在的问题及健康、良性发展的举措（席爱华等，2005⑫；韩振华等，2006⑬；石云霞、赵西萍，2002⑭）；社区教育模式的构建（王卫东，2005⑮；尹小敏，2009⑯；夏良玉、

---

① 胡仁柯.我国小城镇基础设施融资研究［D］.天津：天津大学硕士学位论文，2006.
② 晏志谦.小城镇基础设施建设多元化融资模式的研究——基于成都市优先发展重点镇调查的实证分析［J］.农村经济，2008（9）：70-73.
③ 杨飞雪，王娟，李丽红.小城镇基础设施建设融资现状实证分析［J］.长春理工大学学报（社会科学版），2010（3）：46-48.
④ 倪可婷，陈姝霖，范松松.民间资本参与小城镇基础设施建设研究——基于公共政策视角［J］.金华职业技术学院学报，2011（8）：51-54.
⑤ 王元京.创新城镇基础设施和公共服务设施投融资模式［J］.宏观经济管理，2012（4）：46-48.
⑥ 熊竟皓.成都市小城镇建设投融资机制分析［D］.成都：四川农业大学硕士学位论文，2013.
⑦ 谢长青，翟印礼，李晓燕.农村城镇化中小城镇公共基础设施供求均衡分析与政策建议［J］.商业研究，2006（21）：128-130.
⑧ 刘建平，李云新.小城镇基础设施可持续供给的意义和价值［J］.城市问题，2011（6）：61-66.
⑨ 谢长青，钱文荣.我国小城镇基础设施规模经济效应研究［J］.农业经济问题，2009（10）：59-66.
⑩ 柳思维，徐志耀，唐红涛.公路基础设施对中部地区城镇化贡献的空间计量分析［J］.经济地理，2011，31（2）：237-241.
⑪ 吴立保.论对小城镇民办幼儿教育的社会支持［J］.学前教育研究，2005（4）：19-21.
⑫ 席爱华等.小城镇职业教育模式研究［J］.职业技术教育，2005（28）：14-16.
⑬ 韩振华等.小城镇建设与职业教育发展互动问题探讨［J］.职业技术教育，2006（7）：12-14.
⑭ 石云霞，赵西萍.小城镇服务业人才培养问题研究［J］.中国行政管理，2012（8）：84-87.
⑮ 王卫东.农村小城镇社区教育存在的问题与对策［J］.乡镇经济，2005（12）：57-59.
⑯ 尹小敏.农村城镇化进程中小城镇社区教育模式的构建［J］.福建论坛（人文社会科学版），2009（6）：167-169.

沈光辉，2013①）。

4. 小城镇社会保障制度改革与完善

对于小城镇社会保障制度，多数学者认为小城镇社会保障制度是一项复杂的系统工程，必须按照自身的特点，探索切实可行的做法（郑文元、邹筱乐，2001②；刘伟忠，2005③；冉勇、陈天柱，2013④）。孟宏斌（2006）⑤则重点阐述了陕西小城镇社会保障制度创新的基本思路。

5. 小城镇公共服务的多元化供给

为保证公共产品的有效供给，既要充分发挥中央政府在小城镇公共产品供给中的主导作用，也要突出地方政府的决定性作用；既要调动社会资本的积极性，也要促进公共产品供给主体的多元化（焦成焕，2013⑥）。

在对国内外相关文献进行梳理之后，笔者发现，由于发达国家的城乡一体化程度很高，所以国外学者没有把小城镇公共服务供给作为一个单独的问题进行研究。伴随着新型城镇化的推进和小城镇的快速发展，小城镇公共服务供给在新的制度框架下出现了新的问题。国内学者从小城镇公共服务供给的整体状况、小城镇基础设施建设、小城镇教育、小城镇社会保障制度及多元化供给等不同的研究视角对小城镇公共服务供给问题给予了关注和探讨，取得了阶段性的研究成果，这些研究成果为我们进一步研究小城镇公共服务供给问题提供了良好的基础，在这些研究的基础上，我们可以进一步拓宽视野和思路：一是从研究方法上看，当前小城镇公共服务的相关研究多数采用定性研究的方法，实证研究仅占了很小一部分，应当加强将数理和计量模型分析的实证分析方法引入当前关于小城镇公共服务的研究中。二是从研究内容上看，集中在小城镇公共服务供给的整体状况及某一类公共服务的供给，专门针对小城镇公共服务供给结构的研究较少，这为本书研究留下了很大的空间。

---

① 夏良玉，沈光辉.实现社区教育从"学校—行政型"向"社区—社会型"转变——小城镇建设中社区教育发展对策研究 [J].中国行政管理，2013（1）：78-81.
② 郑文元，邹筱乐.小城镇社会保障制度初探 [J].劳动保障通讯，2001（8）：32-33.
③ 刘伟忠.我国农村小城镇医疗保障体系的衰微及思考 [J].广西社会科学，2005（8）：170-172.
④ 冉勇，陈天柱.欠发达地区小城镇养老模式研究——以乐山市沐川县为例 [J].人民论坛，2013（2）：228-229.
⑤ 孟宏斌.陕西小城镇社会保障制度创新 [J].长安大学学报，2006（6）：19-22.
⑥ 焦成焕.论小城镇的公共产品供给 [J].黑龙江社会科学，2013（5）：48-51.

二、研究目的

现有的研究成果是进一步研究赖以推进的基础，它的不足则是进一步研究的方向和路径，本书从小城镇公共服务供给结构的客观现实出发，探讨小城镇公共服务供给的结构问题，力求达到以下几个目标：

第一，在充分总结、借鉴和吸收已有研究成果的基础上，构建小城镇公共服务供给结构理论，为进一步开展研究奠定理论基础。

第二，在正确认识和科学评价我国现有小城镇公共服务供给水平的基础上，运用聚类分析划分不同类型的小城镇公共服务供给，探讨小城镇公共服务供给的空间相关性，为优化小城镇公共服务供给区域结构提供依据。

第三，从城镇化贡献率与居民需求两维视角对小城镇公共服务供给内容结构进行分析，在此基础上，确定小城镇公共服务供给内容的优先序，为优化小城镇公共服务供给内容结构提供依据。

第四，基于网络治理的相关理论，探索性地构建小城镇公共服务供给主体的合作网络，同时结合多元主体合作供给公共服务的典型个案，分析和检验小城镇公共服务供给主体合作网络的运行过程，为优化小城镇公共服务供给主体结构提供依据。

第四节 研究意义、研究方法及数据来源

一、研究意义

(一) 理论意义

公共服务理论是从西方传入中国的。西方公共服务理论以西方国家发达的市场经济和其政治、现实文化为背景，它被证明可以用来指导西方发达国

家的公共服务供给实践。与西方国家相比，中国有着不同的政治、经济、文化背景，因此我们不能全盘照搬西方公共服务理论，并以之指导我国小城镇公共服务供给。我国学界对公共服务的理论研究，从最初的单纯介绍与解释西方公共服务理论进入到具有中国特色的公共服务理论建构阶段，我们要立足中国小城镇的现实情况，消化、吸收西方公共服务理论，通过对这些理论在本书研究中的具体运用来扩充它们的理论内涵，更进一步地，通过把这些基础理论和我国小城镇公共服务供给的具体实践结合起来，构建小城镇公共服务供给结构问题研究的理论框架，这对该领域研究新范式的确立具有重要的理论意义。

(二) 实践意义

本书尝试通过从小城镇公共服务供给区域结构判断小城镇公共服务的空间效应，从小城镇公共服务供给内容结构揭示小城镇公共服务供给的优先序问题，从小城镇公共服务供给主体结构探寻小城镇公共服务多元供给主体协同合作的网络模型，力图从三维视角研究小城镇公共服务供给结构问题。在此基础上，有针对性地进行制度创新和政策调整，着力改善小城镇公共服务供给水平，为政府推进我国小城镇公共服务均衡、有序和有效供给，进而促进新型城镇化建设持续健康发展提供实践参考和决策支持。

二、研究方法

第一，实证分析和规范分析相结合。本书研究我国小城镇公共服务供给结构问题，基本目标是提出"相关的政策建议应该是什么"。应该用规范分析方法来回答，但回答的依据却是来自实证分析，故本书采用实证分析和规范分析相结合的方法。

第二，比较分析方法。大量的比较是课题研究的基本方法，有不同地区小城镇公共服务供给状况的比较，有不同地区居民对小城镇公共服务需求差异的比较，还有公共服务不同供给主体之间的比较，以期从比较中把握研究对象变化发展的规律。

第三，调查研究方法。为了分析四类不同的地区小城镇居民对公共服务需求的信息，本书采用发放调查问卷和直接访谈的方式，获得研究所需的第一手数据资料。

三、数据来源

目前已出版发行的《中国建制镇统计年鉴》有2004年、2005年、2008年、2010年、2012年这五年，2013年建制镇统计年鉴的数据并入《中国县域统计年鉴》(2013年)，由于2004年和2005年的《中国建制镇统计年鉴》某些评价指标缺失，故选择了《中国建制镇统计年鉴》(2008年、2010年、2012年)和《中国县域统计年鉴》(2013年)这四年的年鉴。另外,《中国城乡建设统计年鉴》也提供了建制镇的一些相关数据。为了配合《中国建制镇统计年鉴》和《中国县域统计年鉴》的使用，我们选择了《中国城乡建设统计年鉴》(2007年、2009年、2011年、2012年)，这主要是由于《中国城乡建设统计年鉴》的数据是对当年的数据进行编辑，因此《中国城乡建设统计年鉴》(2007年、2009年、2011年、2012年)相当于一般年鉴的2008年版、2010年版、2012年版和2013年版。除上述统计数据之外，我们还使用了全国八个省（福建、广东、浙江、湖南、河南、江西、贵州、云南）的调研问卷数据。

第五节 研究内容和技术路线

一、研究内容

本书共八章，各章的主要内容概括如下：

第一章，绪论。主要介绍研究背景与缘由，界定相关概念与研究范围，简要的文献综述及研究目的，研究意义及研究方法、研究内容、技术路线图及本书的创新点。

第二章，小城镇公共服务供给结构的理论阐述。本章首先对与小城镇公共服务供给相关的理论进行了简要的介绍与述评；其次分析小城镇公共服务供给结构促进经济增长的内在机理，为后续研究奠定理论基础。

第三章，小城镇公共服务供给结构的现状分析。本章分析阐述我国小城镇公共服务供给区域结构失衡、供给内容结构失衡、供给主体结构失衡的现状，建立本书研究的现实出发点。

第四章，基于空间关联效应的小城镇公共服务供给区域结构分析。首先，构建包含5项一级指标和11项二级指标的综合评价指标体系，采用主成分因子分析法综合评价全国30个省份（西藏及港澳台除外）的小城镇公共服务供给水平。其次，运用聚类分析划分不同类型的小城镇公共服务供给，呈现小城镇公共服务供给的分布特征。最后，运用空间相关统计量莫兰指数（Moran's I）测算小城镇公共服务供给的总体空间关联状况与识别局部空间关联模式，探讨不同省域间公共服务供给的空间关联效应。

第五章，基于城镇化贡献率及居民需求的小城镇公共服务供给内容结构分析。首先，采用空间截面数据的空间计量模型，将空间关联效应以明确变量的方式包括在分析框架之内，分析基础设施、医疗卫生、教育、社会保障和文化娱乐五大类公共服务对城镇化的贡献情况，根据贡献率大小进行排序。其次，利用地理联系率分析小城镇公共服务供给与经济发展的匹配性，将全国小城镇分为四类地区，即公共服务供给与经济发展匹配型（包括双强型和双弱型）、公共服务供给领先经济发展型、经济发展领先公共服务供给型。在这四类地区开展公共服务需求意愿问卷调查，采用基于熵权法的灰色关联分析方法，对公共服务的需求进行优先排序。最后，在四类不同的小城镇各自建立一个基于城镇化贡献率和居民需求双向结合的公共服务供给优先序。

第六章，基于网络治理理论的小城镇公共服务供给主体结构分析。首先，以网络治理理论的最新研究成果为基础，探讨小城镇公共服务供给主体的合作网络及其运行。其次，选取江西省抚州市南丰县H镇S村村组公路修建的过程作为多元主体合作供给公共服务的典型个案，分析和检验小城镇公共服务供给主体的合作网络运行过程。

第七章，小城镇公共服务供给结构优化的对策建议。在上述理论分析与实证分析的基础上,提出小城镇公共服务供给结构未来的调整方向和保障措施。

第八章,研究结论、不足与展望。总结提炼了前面各章的研究结论,在此基础上,提出本书研究的不足之处及未来进一步研究的方向。

二、技术路线

根据研究内容,本书循着"问题的提出—理论阐述—现实状况—实证分析—对策建议"的基本思路展开。本书的技术路线如图1-1所示。

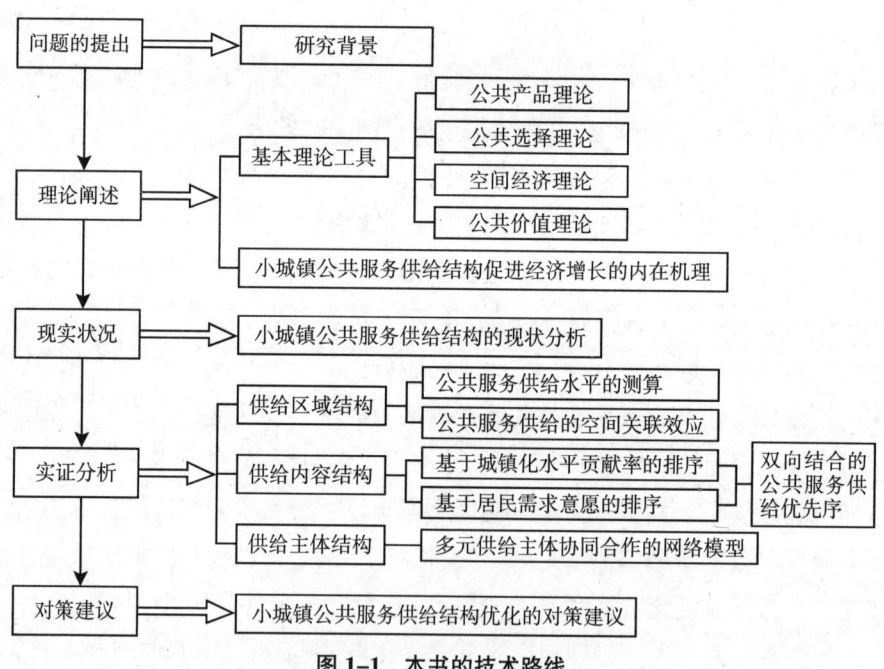

图1-1 本书的技术路线

第六节 研究创新点

第一，研究视角独特。本书以小城镇公共服务供给结构研究为主题，借鉴已有的相关研究成果，从小城镇公共服务供给区域结构、内容结构和主体结构三维视角论证小城镇公共服务供给结构问题，在此基础上提出小城镇公共服务供给结构优化的基本原则与对策建议。这种分析思路为小城镇公共服务供给问题研究提供了新的视角。

第二，研究方法新颖。本书运用空间相关统计量 Moran's I 指数测算小城镇公共服务供给的总体空间关联状况与识别局部空间关联模式，探讨不同省域间公共服务供给的空间相关性。同时，选用空间滞后模型和空间误差模型对小城镇人口城镇化率的空间效应进行实证检验，考察基础设施、教育、医疗卫生、社会保障及文化娱乐五大类公共服务对城镇化水平的决定作用及贡献大小。

第三，研究结论创新。本书依据实证分析的相关结果提出我国小城镇公共服务供给的基本原则是：统筹协调，区域联动；因地制宜，科学规划；创新机制，注重绩效。同时提出了优化我国小城镇公共服务供给结构的对策建议：一是促进经济增长，实现小城镇公共服务供给可持续、协调发展。二是加强省域之间的互动与合作，形成地区间小城镇公共服务供给联动局面。三是动态、灵活地调整小城镇公共服务供给内容。四是发挥政府引导作用，构建和完善小城镇公共服务供给主体合作网络。这些政策建议对完善我国小城镇公共服务供给具有决策参考价值。

第二章 小城镇公共服务供给结构的理论阐述

了解并掌握前人的理论是进行后续研究的前提和基础，本章通过对公共产品理论、公共选择理论、空间经济理论、公共价值理论进行简要述评，为城乡统筹下的小城镇公共服务供给结构问题研究提供基本理论工具。同时，分析小城镇公共服务供给结构促进经济增长的内在机理，为进一步深入开展研究奠定理论依据和支撑。

第一节 基本理论工具

一、公共产品理论

(一) 公共产品的内涵

1919年，瑞典经济学家林达尔（Lindahl）在其博士论文《公平税收》中正式提出"公共产品"一词。但真正将公共产品与私人产品这两个概念作出严格区分和定义的是美国著名经济学家、诺贝尔经济学奖得主保罗·萨缪尔森（Paul Samuelson）。1954年，他在论文《公共支出的纯粹理论》中给出了公共产品的概念①。根据保罗·萨缪尔森的两分法，纯共用品是指任何一个人对某

---

① Paul A. Samuelson. The Pure Theory of Public Expenditure [J]. The Review of Economics and Statistics, 1954 (36): 387–389.

种物品的消费不会减少别人对这种物品的消费。纯私用品是指只有获取某种物品的人才能消费，拒绝支付其市场价格的人就不能消费这种物品。

就纯私用品而言：

$$X_j = \sum_{i=1}^{n} X_j^i \tag{2-1}$$

式（2-1）中，X_j 为商品的总量，X_j^i 为第 i 个消费者对这种商品的消费量，式（2-1）表明商品 X_j 的总量等于每一个消费者 i 对这种商品的消费数量之和，私用品在个人之间是可分的。就共用品而言：

$$X_{n+j} = X_{n+j}^i \tag{2-2}$$

式（2-2）表明，就消费目的而言，任何一个消费者 i 都可以支配共用品的总量 X_{n+j}，共用品在个人之间是不可分的。

1980 年，曼瑟尔·奥尔森（Mancur Olson）在其著作《集体行动的逻辑》中提出了"公共产品"的概念。他认为，任何一个物品，如果一个集团 X_1，…，X_i，…，X_n 中的任何一个人 X_i 能够消费它，它就不能不被那一集团中的其他人消费[1]。詹姆斯·布坎南在其著作《民主财政论》中提出了一个更为宽泛的定义，"任何集团或社团因为任何原因决定通过集体组织提供的商品或服务，都将定义为公共商品或服务"。这一范围很广的范畴可以包括萨缪尔森和其他经济学家已经确定的"纯集体物品"，也可以包括"公共性"程度在 0~100% 的其他一些商品或服务[2]。

（二）公共产品的特性

公共产品与私人产品的区别表现在其所具有的三个显著特征上，即受益的非排他性、消费的非竞争性和效用的不可分割性。

对于私人物品而言，完全可以通过谁付款谁受益的原则达到某个消费者对物品的单独占有和享用，完全把其他人排除在外。但是对于公共物品而言，不管消费者个人是否对其进行了付费，都可以享用该公共产品，也就是说公共产品受益的非排他性是指付费者与不付费者都能够享用该物品，不可能把

---

[1] 曼瑟尔·奥尔森. 集体行动的逻辑 [M]. 陈郁等译. 上海：上海人民出版社，1995.
[2] 詹姆斯·布坎南. 民主财政论 [M]. 穆怀朋译. 北京：商务印书馆，1993.

不付费者排除在外。公共产品之所以不排除他人消费是因为从技术上加以排除几乎不可能或者是技术水平上可以实现排他性但是排除成本很高。

公共产品消费的非竞争性是指一个人的消费使用并不会减少其他人消费的数量和质量，或者说增加一个消费者不会引起产品成本的任何增加，因此，排除那些从消费公共物品中获得正效用的人是没有意义的。当然，需要注意的是，公共产品消费的非竞争性是针对某一数量范围内的公共产品而言的，一旦超过这一数量范围，增加公共产品的生产边际成本不再为零而是正数。

公共产品效用的不可分割性是指公共产品在被消费的过程中，其效用为全体成员共同分享，全体成员均可以获得等量的、相同的消费，而不能分割给单个成员独自享用，也就是说公共产品的消费具有联合消费的特征。

（三）公共产品的溢出效应

溢出效应又称外部性、外部影响，是指个人或群体的行动和决策给其他人或群体带来了有利或不利的影响。这种影响分为正外部性和负外部性。正外部性是指个人或群体的行动和决策使他人或社会受益，而受益者无须花费代价。负外部性是指个人或群体的行动和决策使他人或社会受损，而造成负外部性的人却没有为此承担成本。溢出效应之所以存在，是因为在现有制度下无法获取潜在的利润或者无须承担成本，外溢性使得私人收益与社会收益、私人成本与社会成本发生偏离。如果改变现行制度，外溢性就可以内在化。公共产品的供给就是典型的正外溢性，其溢出效应所提供的社会效益使享受它的人们获得外在的利益。

从公共产品覆盖范围和层次上可以将其分为全国性公共产品和地方性公共产品。全国性公共产品是指可供全国范围内居民享用的，也就是说公共产品的受益范围是跨区域的，其可得性对于全体公民是相同的，如国防、宪法等。由于全国性公共产品的受益对象是全体公民，因此外溢效应并不显著。地方性公共产品是指由于某些因素只能在一定地域范围内提供给特定的消费群体消费满足某一特定区域范围内公民的消费需求，如社区公园、街道路灯等，这些公共产品的受益范围基本上被限定在本区域之内，由地方政府提供。这样，地方公共产品的供给就表现出层次性。地方性公共产品的供给由于人口流动、经济文化联系等因素的影响，表现出显著的溢出效应，如对污染流域的治理，其溢出效应明显。

作为公共经济学研究的核心课题，随着公共产品理论的发展和完善，必然会对规范我国小城镇公共服务供给提供研究思路和有益的借鉴。

二、公共选择理论

传统的经济理论认为，市场供给公共产品的失灵，无法通过自身完善得以解决，政府的作用是弥补市场经济的不足和缺陷。公共选择理论认为政府也有自己的利益，并不是完全以全体人民的福利改进为目的而实施决策的，政府在公共产品的供给中同样存在失灵问题。

(一) 公共选择理论的方法

产生于20世纪40年代末50年代初的公共选择理论是用经济学的工具和方法来分析政治问题的理论，该理论在方法论上有三个基本特征：理性经济人假设、方法论上的个人主义、作为交易的政治。

1. 理性经济人假设

传统的政治理论假设政府是代表公众利益的，是一个慈善的专制者，社会利益最大化是其追求的目标。公共选择理论认为，政府和国家是由不同个体通过政治机制相互联系和作用的一套系统，参与公共选择的主体就是政治机制中的个体，那么经济市场中的个体和政治市场中的个体不可能在两种不同的场合表现出完全不同的行为方式，这在逻辑上是自相矛盾的。公共选择理论认为参加政治决策的个人与市场决策的个人一样都是经济人，既不更好，也不更坏。因此，政治背景下的个人与市场背景下的个人都会运用自己拥有的能力最大化自己的财富[①]。

2. 方法论上的个人主义

个体是公共选择理论研究的逻辑起点，由于该理论借鉴了经济学的研究方法分析政治市场，所以在方法论上具有浓厚的个人主义色彩。个人主义的

---

① 杰佛瑞·布伦南，詹姆斯·布坎南. 规则的理由——宪政的政治经济学 [M]. 北京：中国社会科学出版社，2004.

分析方法认为集体行动是个体选择和行为的集结，是个人实现自身利益的工具，因此个人的选择和行为是所有分析的起点，无论个体行为还是集体活动，个人都是最终的决策者、选择者、行为者。市场过程中与政治过程中人的行为，都可以从个体的行为动机和决策来找寻原因①。

3. 作为交易的政治

公共选择理论认为，经济市场上的交易分析可以扩展到政治领域，政治市场与经济市场中的自愿交易存在某种相似性，选举制度就像交易制度，选票也可被看作是货币，政治家就如同企业家，公民就像消费者，人们通过在政治市场里建立的契约交换关系，计算个人的成本收益。正如布坎南所说，"只要集体行动以个人决策作为基本单位的模式进行，只要这样的集体行动基本上被想象为反映了一个适当的社团全体成员之间的复杂交换或协议，这样的行动或行为或选择可以很容易地被列入交换经济学的范畴"②。

（二）公共选择理论的内容

投票规则、选民队伍、利益集团、政府官员等构成了公共选择理论体系的核心概念，公共选择理论将投票作为解决公共事务的基本方式。科学高效的投票规则或程序可以最大限度地集中民意、体现公共性。通常的投票规则主要有全体一致同意规则和多数票规则。全体一致同意规则能够达成选择结果的帕累托最优，也更显民主和公平，但是由于公民偏好的差异性，因而实施过程中需要多次协商和谈判，甚至多次协商和谈判的结果是没有任何决策方案得以通过。多数票规则大大降低了决策成本，但多数票规则可能带来多数人暴政、投票悖论、买卖选票等问题。除此之外，投票者的有限理性、信息不对称等问题也使得票决民主并非尽善尽美。然而我们也不能因为票决民主的这些缺陷，就全盘否定它。因为，人类的选择机制是有限理性的，而非完全理性③。面对大量公共财政决策的非客观性、非货币性、充满争议性，最

---

① 陈招顺，汪翔.论公共选择理论的方法论基础及其规范意义 [J].上海社会科学院学术季刊，1997（2）：33-40.
② 詹姆斯·布坎南.自由、市场和国家 [M].吴良健等译.北京：中国经济学院出版社，1988.
③ 武彦民，李明雨.公共选择：公共财政理论可操作化的必由之路 [J].财经论丛，2010（3）：24-30.

为切实可行的方式无疑是政治程序或民主投票。

小城镇公共服务的供给过程要达到资源配置的优化,在利益关系复杂、利益主体多元的公共决策中符合公共利益最大化诉求,就应该采取票决为主、其他民主方式为辅的公共选择方式。然而长期以来我国公共服务的供给大多是采取自上而下的方式,不是广大公民公共选择的结果,导致公共服务供给与需求脱节,供求矛盾凸显。

三、空间经济理论

1991年,美国经济学家保罗·克鲁格曼在《报酬递增与经济地理》一文中把空间概念正式引入一般均衡分析框架之中,引发了主流经济学界对空间经济学研究的新浪潮。1996年,伊特韦尔等在《新帕尔格雷夫经济学大辞典》中对"空间经济学"的解释如下:空间经济学关注(稀缺)资源的空间配置和经济活动的区位。根据对概念的不同理解,将其分为狭义空间经济学与广义空间经济学。狭义上,空间经济学以经济活动的区位问题为研究核心,考查具体的实物生产资料在地理空间范围内的资源配置过程以及区域生产活动的互动过程。广义上,空间经济学不仅包括经济生产中自然、社会资源的空间配置以及空间范围的生产方式,还应包括民族文化、历史过程、社会体制、经济制度、政治因素等资源在空间范围内的动态配置过程[1]。

自从空间因素被纳入主流经济学分析框架以后,从空间角度讨论财政资源的空间配置和财政经济活动区位选择行为的空间财政学理论逐渐受到重视,财政行为的空间经济分析就是通过比较分析财政行为在空间经济作用上的差异,探讨如何通过财政行为的空间结构优化来调控区域经济发展,实现区域协调发展。

---

[1] 约翰·伊特韦尔,默里·米尔盖特,彼得·纽曼. 新帕尔格雷夫经济学大辞典 [M]. 北京:经济科学出版社,1996.

（一）空间经济理论的研究方法

空间经济理论的研究方法主要体现在三个方面[①]：

（1）新古典经济学假设区域经济是"平滑经济"，与之相对应的是经济发展的连续性和单调性；空间经济学假设区域经济是"块状经济"，使得经济发展具有了非线性和不连续特征，从而可以描述区域经济发展中的空间结构演变。

（2）描述要素空间聚集与扩散的迪克西特—斯蒂格利茨垄断竞争模型，为分析财政行为如何影响商品和要素空间流动提供了技术支撑。

（3）以空间或区位为基础变量建模，从微观角度诠释研究财政如何改变个人和企业的决策和行为方式，进而对区域经济发展产生影响。

（二）空间经济理论研究的主要内容

作为公共经济学的一个新的研究方向与领域，空间经济学的主要研究内容涉及以下三个方面[②]：

（1）构建空间经济理论框架。首先要消化、吸收最新的空间经济分析研究成果，重构空间经济分析理论模型。这个模型应以迪克西特—斯蒂格利茨模型为基础，引入公共服务空间溢出变量和地理距离变量，并且探讨不同的公共服务筹资模式造成的结果。其次要从理论层面梳理经济政策对区域经济增长局域拉动效应、经济政策空间外溢距离衰减效应及经济政策选择策略互动效应。

（2）寻求空间经济的实证研究方法。从经济政策局域拉动效应、距离衰减效应、策略互动效应三个视角，运用空间计量经济分析方法来检验经济政策促进区域经济协调发展过程中空间效应的存在性及其影响。

（3）探索空间经济理论的政策含义。空间经济理论研究不仅要从空间视角研究经济行为的影响及互动机制，更重要的是实现经济着力点的转变，加大空间经济结构调整和区域发展协调，寻找运用经济手段调控区域经济发展的有效路径，要为政府经济行为的选择提供参考。

[①] 刘寒波. 财政行为的空间经济分析方法与体系构建［J］. 湖南财政经济学院学报，2012（4）：123-131.

[②] 刘寒波. 空间财政理论：研究方法、核心命题与主要内容［J］. 中国财政，2012（20）：71-73.

运用空间分析方法，研究小城镇公共服务供给的空间带动作用和空间辐射效应，目的在于提高区域经济空间分布的配置效率，实现区域经济结构的优化和区域经济的持续增长。毋庸置疑，空间经济学理论对拓展和探讨我国小城镇公共服务供给区域结构提供了研究思路和方法。

四、公共价值理论

传统的公共行政理论由于僵化、刻板的科层体制，导致效率低下，在此种历史背景下，20世纪70年代末80年代初，英国、美国、新西兰、澳大利亚等国开启了一场追求经济、效率和效益的"新公共管理运动"。然而，新公共管理运动在风靡全球的同时也开始遭到质疑。比较有代表性的是英国学者罗伯特·B.登哈特（Robert B. Denhardt）和珍妮特·V.登哈特（Janet V. Denhardt）提出的新公共服务理论。他们批判新公共管理理论过度追求"顾客导向"和"效率至上"，最终造成了公共性的流失。遗憾的是，由于缺乏可供操作的运行机制和理论深度，新公共服务理论难以在实践中付诸行动。当今社会已经步入信息化、技术化、网络化时代，政府的工作由传统的垄断公共服务供给转变为如何组织各种内部和外部资源，构建和管理公共服务的递送网络，创造公共价值。因此，吸收和继承了不同理论合理内核的公共价值理论应运而生，蓬勃发展。

（一）公共价值的内涵

哈佛大学马克·莫尔①（Mark Moore，2003）教授最先提出公共价值的概念，他认为公共价值是公众对政府期望的集合，公共管理者需要不断通过组织创新和整合各种资源为社会创造公共价值，这也是公共管理的终极目的。格里·斯托克②（Gerry Stoker，2006）认为，公共价值是政府官员和广泛的利益相关者协商的结果，是公共服务提供者和使用者集体偏好的协调表达，而

---

① 马克·莫尔. 创造公共价值：政府战略管理 [M]. 北京：清华大学出版社，2003.
② Stoker G. Public Value Management: A New Narrative for Networked Governance [J]. American Review of Public Administration，2006（36）：41-57.

不是个体偏好的简单加总。Kelly 等[①]（2002）认为公共价值应该作为配置资源、测度绩效和选择服务系统的标准。公共价值主要包括服务的价值、产出的价值和政府的信任与合法性三个组成部分。Horner 和 Hazel[②]（2005）的研究表明，通过繁荣经济、社会凝聚和发展文化等途径可以创造公共价值。但与私人价值不同，公共价值最终要由公民通过参与和协商等民主过程来决定。尽管学者们从不同的视角对公共价值进行了阐述，但是有些共同点是毋庸置疑的，即公共价值是一个内涵广泛的价值体，不仅涵盖公共过程的产出，而且还包括公共过程的结果；公共价值不仅是公共决策者所认定的对公众偏好的捕捉，而且还更多地关注公众的主观满足感；公共价值不再被视为消极捍卫利益，而呈现出更多的主观能动性。

（二）公共价值理论的主要观点

1. 关注集体偏好，寻找和创造公共价值

传统公共行政理论是严格按照行政机制和程序执行政治决定，新公共管理理论意图通过市场机制的引入实现既定的绩效目标。在绩效目标的指引下，管理者们不是寻求改变组织角色以获得公共价值的增值，而是倾向于维持组织的运转。公共价值理论认为，"公众偏好是公共价值的中心。在民主国家中，唯有公众才能决定对他们来说什么是真正具有价值的"[③]。维持组织的运转不再只是公共管理者的唯一目标，他们还要充当创造公共价值的探索者和战略者的角色，需要注入更多的主观能动性，根据社会环境的变迁积极地对公众的偏好做出回应，实现组织角色的改变及公共价值的创造。哈佛大学马克·莫尔教授指出，"镇图书馆员与带钥匙的孩子们"这个案例正是公共管理者发现和创造公共价值的经典案例。镇图书馆因为双职工家庭孩子在放学之后大量涌入而变得吵闹、拥挤，图书资料也遭到破坏，镇图书馆员面对这种情况，并没有制止孩子们进入图书馆，而是考虑如何调整资金预算方案、重新设计服务规则和内容。这种思维转变源于镇图书馆员

---

① Kelly G., Muers S., Mulgan G. Creating Public Value: An Analytical Framework for Public Service Reform [M]. London: Cabinet Office, UK Government, 2002.
② Horner L., Hazel L. Adding Public Value [M]. London: The Work Foundation, 2005.
③ 马克·莫尔. 创造公共价值：政府战略管理 [M]. 北京：清华大学出版社，2003.

公共价值意识的觉醒和提升①。

2. 注重政府的政治推动力

传统公共行政理论和新公共管理理论认为，政治是对政府管理系统的初始输入和最终评判，当政治一旦脱离了这些领域而进入其他领域时，则被视为失灵。而在公共价值管理理论中，政治是有效的社会调解机制，在实现目标的过程中，利益相关者需要有集体共同的使命感，相互学习、审议和协商，这个过程仅靠市场激励和行政力量是难以完成的，政府的政治推动力是一种有效的协调机制。

3. 推行网络治理

公共价值管理理论将网络治理引入政府处理公共事务的过程中，通过政府内部间、政府与社会各类组织间动态化的网络合作来创造公共价值。网络治理的关键是要处理政府、公共部门、私人部门等各类组织间的关系，整合不同主体的目标，共同采取行动。这种关系的管理并不是由政府的权威主导的，而是相对宽泛的一种自主协调方式。因此，创造公共价值的前提条件是"成功的关系"，为了构建成功的关系，网络中的不同行动者必须要对话、博弈和妥协，找到共赢的路径，最终达成相互一致的看法。

4. 民主与效率成为合作伙伴

在传统公共行政理论中，政策制定过程（政治）和政策执行过程（行政）分别用来解决民主和效率问题，政治和行政是分离的。在新公共管理理论中，为了提升公共部门的运行效率，公共部门大量借鉴经济学和私人部门的管理方法，在追逐绩效目标的同时，公共管理者的价值理性完全被工具理性所淹没，公共管理者沦为技术专家，不可避免地忽视对政治的回应性。基于网络化治理的公共价值管理理论则认为，我们可以同时拥有民主与效率，而且信念被置于与网络化治理相关的对话和交流体制之中。它通过对体制的解释、修改、更正和适应来使得民主与效率之间达到和谐。体制中的所有合作者都是警戒的中心，确保对民主和效率的承诺的达成。

---

① 马克·莫尔. 创造公共价值：政府战略管理 [M]. 北京：清华大学出版社，2003.

5. 全面应对效率、责任与公平问题

2006年，斯托克（Stoker）在《美国公共管理评论》中发表了一篇论文，在这篇论文中，他阐述了公共价值管理范式与传统公共行政范式、新公共管理范式的区别，并且谈到了公共价值管理范式如何应对效率、责任和公平的挑战。对于效率，公共价值管理范式主张通过持续的检查保证行为符合目标；关于责任，公共价值管理则是通过可沟通的目标对责任进行监督与设定；关于公平，公共价值管理主张通过发展个人能力来实现。对来自效率、责任和公平的应对和挑战，一定程度上体现出了公共价值管理范式中的管理哲学①。

在当前财政资源有限的情况下，小城镇公共服务的供给过程中急需引入公共价值管理理论中的网络治理工具，改变政府垄断公共服务供给的观念，在提供公共服务的过程中，引入市场机制，动员社会力量，增强多元供给主体的协同性、整体性，实施组织整合。公共价值理论对优化我国小城镇公共服务供给主体结构提供了理论基础和有益的借鉴。

第二节 小城镇公共服务供给结构促进经济增长的内在机理

一、小城镇公共服务供给区域结构与经济增长

由于经济发展水平、社会环境、生活方式及风俗习惯的差异，不同区域的居民对公共服务的需求表现出一定的差异性，如果实行平均主义"一刀切"的供给，不仅不能满足各地居民差异化的需求，而且浪费了有限的财力资源，将会产生"过犹不及"的效果。但是，公共服务供给的过程不搞"一刀切"并不意味着放任自流，任由公共服务的供给在各区域间的差距拉大。政府应

---

① 何艳玲."公共价值管理"：一个新的公共行政学范式［J］.政治学研究，2009（6）：62-68.

该在公共服务资源配置的过程中实施宏观调控,将公共服务供给的区域差距维持在公平的范围内,实现公共服务供给的区域结构均衡,促进和协调区域经济增长。小城镇公共服务供给的区域结构均衡对经济增长的作用可以从以下三个视角进行解读和考察。

(1) 小城镇公共服务供给区域结构均衡有利于社会资源的合理流动,提高资源配置的效率,进而促进经济增长。毋庸置疑,缩小公共服务供给区域差距,促进经济均衡协调发展,对于全面建设小康社会和构建社会主义和谐社会意义重大。刘寒波等 (2007)[①] 指出,对于地方政府来说,扩大公共支出规模,可以起到延缓要素空间分布分异过程的作用。因此,为了吸引生产要素流入,形成区域经济发展的要素集聚效应,各地区就必须按照要素流动的要求改善本地区公共服务供给的数量和质量,进而缩小与发达地区的经济差距,实现各区域间经济均衡发展。根据经济学理论中边际效用递减原理,一笔公共服务供给资金,投入到公共服务供给水平较落后的地区产生的效用可能远远大于这笔同样的资金投入到公共服务供给高水平地区产生的效用。因此,政府可以通过各种调控措施来平衡区域间的公共服务供给资金,以提高公共服务供给资金的政策效果。当然,公共服务品供给资金的调控和适当倾斜并不是要劫富济贫,而是在不降低发达地区公共服务供给水平的基础上提高落后地区的公共服务供给,从而达到各区域间公共服务供给水平实现有差别的均衡,最终实现区域经济的协调发展。

(2) 小城镇公共服务供给区域结构均衡有利于降低社会管理成本,提高财政资金的使用效率,使有限的财政资金发挥出"四两拨千斤"的乘数效应,从而促进经济增长。我国各个区域的经济发展水平差距较大,区域发展不平衡的问题很突出。比如从总量来看,广东 2013 年 GDP 是 6.21 万亿元人民币(1 万亿美元),这个值超过了印度尼西亚的 GDP,排名仅次于墨西哥。但是西藏 2013 年的 GDP 仅相当于阿尔巴尼亚,全球排第 122 名,人均 GDP 也是如此,北京、上海、天津人均 GDP 超过了 1 万美元,天津人均 GDP 排第一

[①] 刘寒波,王贞,刘婷婷.地方公共服务供给对区域间要素流动的影响——不考虑本地交易成本的均衡分析 [J]. 系统工程,2007 (9): 73-79.

位,已经达到1.6万美元,相当于排名世界第13位乌拉圭的水平①。在这样一个区域经济发展不平衡的背景下,北京、上海、天津、广东这些发达地区的小城镇由于财力相对充足,资金来源渠道多,因此,在满足了当地居民对公共服务的基本需求之后,客观上会存在麻痹松懈的思想,放松对财政资金的监管,从而导致财政支出低效。通过改进和完善现行的财政转移支付制度,把公共财力更多地用于扶持甘肃、西藏这些落后地区小城镇的公共服务供给,无疑可以提高财政资金的使用效率,使有限的财政资金发挥最大的效用,从而协调各区域的发展利益,维护社会的稳定。

（3）小城镇公共服务供给区域结构均衡有利于全体居民共享经济增长的果实,提升居民对政府社会福利改善的感受力,从而有利于消费者消费信心的建立,为经济增长奠定良好的基础和条件。中共十八届三中全会公报指出,"经济体制改革是全面深化改革的重点,核心问题是处理好政府和市场的关系,使市场在资源配置中起决定性作用和更好发挥政府作用"②。市场在资源配置中起决定性作用的结果就是一部分人先富起来,有先富起来的群体,就一定会有相对贫困的群体,不同群体之间存在收入差距是客观的,也是正常的。但任由收入差距拉大不仅会引起各种社会矛盾,还会造成有效需求不足,制约经济的持续增长。缩小小城镇公共服务供给水平的区域差距,促进区域协调发展,不是一时之举,是必须长期坚持的重要方针;不是权宜之计,而是根本之策;不仅是紧迫的经济任务,而且是重大的政治任务。政府通过缩小小城镇公共服务供给水平的区域差距来维持公平,从公共服务入手改善居民的社会不适应感,提升幸福感知力,重建居民的消费信心,为经济增长奠定坚实的基础和保障。

二、小城镇公共服务供给内容结构与经济增长

从宏观经济学的角度看,经济增长取决于总供给与总需求。总供给的增

---

① 黄剑辉.我国区域发展不平衡问题突出[EB/OL].和讯网,2014-12-21.
② http://news.xinhuanet.com/politics/2013-11/12/c_118113190.htm.

长依赖于技术进步、劳动、资本等要素投入的增加带来的潜在产出的增长，总需求的增长依赖于消费需求、投资需求、净出口三大部分，即俗称的"三驾马车"。从供给层面看，潜在产出的增长在短期内很难实现，而从需求层面看，政府正确的公共支出政策措施安排，也就是说小城镇公共服务供给内容结构的均衡（供给与需求相匹配）可以产生内需经济结构效应（包括消费挤入效应、消费预期效应、消费环境效应和消费结构效应），从而促进经济的增长。

（1）消费挤入效应，即小城镇公共服务供给内容与居民消费呈互补关系时，将挤入（促进）居民消费。政府公共服务供给的变化直接关系到居民的消费成本，从而影响居民消费。这种影响可以表现为居民消费的增加，也可以表现为居民消费的减少，最终的影响取决于挤入和挤出两种力量的对比。我国学者（吴俊培、张斌[①]，2013）运用空间计量模型实证检验了我国1998~2011年积极财政政策对民间投资和消费的影响，研究结果表明，就民间消费来说，除2007年外，政府支出对民间消费都产生了显著的挤入效应。因此，公共服务的供给如果满足居民需求偏好，与居民需求相匹配，是能够对居民消费产生挤入效应的。

（2）消费预期效应，即小城镇公共服务供给内容将直接稳定居民的消费预期。在市场经济中，消费者的消费行为不仅会受到现在收入的影响，还会受到未来预期收入的影响。经济学家费希尔（Fisher）和弗里德曼（Friedman）将消费者面临未来收入的不确定性推迟消费、增加储蓄的行为称为"预防性储蓄"。针对消费需求萎靡不振的现象，有学者（孙永军、刘国辉[②]，2010）提出，根源在于我国经济转型所导致的居民对未来"大额刚性支出"的预期过高，这种"大额刚性支出"可以延伸为包括医疗、教育、养老及未知情况下的基本生活保障等，它们与其他预期支出一起改变着居民的长期预期和消费倾向。假定政府在医疗、教育等公共服务供给方面的投入到位，与居民的需求有效匹配，则"大额刚性支出"预期将大大降低，消费者的消费倾向和

[①] 吴俊培，张斌. 积极财政政策挤入效应的实证分析 [J]. 财贸经济，2013（7）：5-16.
[②] 孙永军，刘国辉. 居民消费需求与公共服务水平关系研究 [J]. 山东工商学院学报，2010（2）：12-15.

消费决策随之改变，这将进一步释放出居民的消费能力和消费潜力。

（3）消费环境效应，即小城镇公共服务内容可以改善消费与生产环境，进而促进消费。政府作为小城镇公共服务供给的重要主体，既要提供道路、自来水、电力通信等硬性公共服务，也要提供教育、医疗、社会保障、文化娱乐、制度安排等软性公共服务，而消费环境的改善直接得益于制度类公共服务的供给。政府加强市场秩序的管理与强化在教育、医疗、社会保障、文化娱乐等领域的公共服务供给，既有利于降低生产者的社会交易成本，也有利于建立消费者的消费信心，提高居民消费质量。

（4）消费结构效应，即小城镇公共服务供给内容可以改善消费质量和结构，进而促进消费。消费结构是指消费者在消费过程中所消费的不同消费资料的比例关系，消费结构的改变和消费质量的提高受到很多因素的影响，其中很重要的一个因素即政府供给的公共服务，如果公共服务的供给符合消费者的偏好，则有助于消费者消费质量的改善和消费结构的优化。

三、小城镇公共服务供给主体结构与经济增长

小城镇公共服务供给主体结构是指各供给主体构成及其搭配比例。随着小城镇公共服务种类的不断丰富，政府财政支出的规模越来越庞大，加之传统官僚体制的弊端和制度安排的效用递减，政府在公共服务供给的过程中显得越来越力不从心，正是在这样的背景下，诸如市场、非政府组织、公民个人等非政府主体逐渐介入公共服务的供给中来，形成了公共服务供给主体多元化的格局。小城镇公共服务供给主体多元化对经济增长的作用可以从以下两个视角进行探讨：

（1）小城镇公共服务供给主体多元化发展有助于解决财政负担过重的问题，使得有限的财政资源用在刀刃上，促进经济的增长。在小城镇公共服务的供给过程中，引入多元化的供给主体，可以有效节约财政资金，提高财政资金使用效益，发挥财政资金的引导和杠杆作用，用好用活公共服务供给资金，集中力量办大事，使得有限的财政资金成为拉动经济增长的一个重要引擎。

（2）小城镇公共服务供给主体多元化在满足居民对公共服务多样化需求的同时，使得有效需求增加了，促进了经济增长。公共产品是需求收入弹性高的产品，随着经济发展、生活水平的改善，人们对公共产品的需求日益增长，仅靠政府供给公共服务不仅数量有限，而且质量也难以保证。多元化主体共同介入公共服务供给不仅提高了公共服务供给的数量和质量，满足了居民多样化的需求，而且公共服务供给的增加扩大了有效需求，促进了经济增长。

第三章 小城镇公共服务供给结构的现状分析

小城镇是统筹城乡发展的空间节点，在城镇结构体系中，具有基础性的地位。小城镇要维持可持续的良性发展，需要集聚能使小城镇发展的各种资源，而公共服务供给深刻影响着小城镇各类资源和产业的集聚能力，对推进城镇化和统筹城乡发展至关重要。然而，当前小城镇公共服务供给地区差异扩大、公共服务供给与需求不匹配及非政府供给主体的作用有待加强等各项问题都严重制约着小城镇的发展和新型城镇化的推进。

本章的基本思路是：首先，运用变异系数、基尼系数以及泰尔指数三种指标对小城镇公共服务供给地区差异演变进行实证分析，总结我国小城镇公共服务供给的区域结构失衡现状，判断小城镇公共服务供给的区域短板所在；其次，阐述小城镇公共服务的需求影响因素以及小城镇公共服务供给不能有效动态调整的原因，以此来分析小城镇公共服务供给内容的失衡；最后，从政府和非政府主体两方面论证小城镇公共服务供给主体结构失衡的状况。基于以上思路，本章的结构安排如下：第一节对小城镇公共服务供给区域结构失衡进行论述；第二节分析小城镇公共服务供给内容结构失衡；第三节探讨小城镇公共服务供给主体结构失衡。

第一节 小城镇公共服务供给区域结构失衡

如果各地城镇间的公共服务供给的差异不断扩大，必然会加剧区域经济发展的失衡,影响未来中国经济的可持续和协调发展。因此本节主要运用变异系数、基尼系数以及泰尔指数三种指标分析小城镇公共服务供给的地区差异现状,判断小城镇公共服务供给的区域短板所在。

基于研究目的和数据的可获得性,我们选取小城镇基础设施、教育、医疗卫生、社会保障和文化娱乐这五个一级指标,公路里程,供水设施数,排水管道长度,小学学校数,中学学校数,医生数,病床数,敬老院、福利院,图书馆、文化站和体育场馆十个二级指标,对小城镇公共服务供给地区差异演变进行实证分析。十个二级指标中,供水设施数和排水管道长度这两个指标的原始数据来自《中国城乡建设统计年鉴》(2007年、2009年、2011年、2012年),其他八个指标的原始数据来自《中国建制镇统计年鉴》(2008年、2010年、2012年)和《中国县域统计年鉴》(2013年)。

一、运用变异系数衡量小城镇公共服务供给的地区差异

变异系数是衡量数据分布差异性的常用指标,由于其消除了量纲,因此能够在不同数据分布之间进行比较。小城镇公共服务区域差异的变异系数计算公式为:

$$CV = SD/\bar{X} = \frac{\sqrt{\sum(X_i - \bar{X})^2/n}}{\bar{X}} \tag{3-1}$$

式(3-1)中,CV 为变异系数,SD 为标准离差,n 为地区数,X_i 表示第 i 个省(自治区、直辖市)每万人口拥有的资源($i = 1, 2, \cdots, n$),$\bar{X}$ 为 X_i 的平均值。

变异系数是个逆指标,用来比较公共服务资源配置的变化程度。若变异系数越大,则代表地区间公共服务资源配置越不平等;变异系数越小,则代表地区间公共服务资源配置越均等。根据式(3-1)计算出 2007 年、2009 年、2011 年和 2012 年四年小城镇公共服务十个指标的变异系数值,测算结果如表 3-1 所示。

表 3-1　小城镇人均公共服务区域差异的变异系数

年份	基础设施			教育		医疗卫生		社会保障	文化娱乐	
	公路里程	供水设施数	排水管道长度	小学学校数	中学学校数	医生数	病床数	敬老院、福利院	图书馆、文化站	体育场馆
2007	0.3150	0.3749	0.7975	0.4896	0.2573	0.2510	0.2822	0.3246	0.3749	0.6944
2009	0.3289	0.3439	0.7177	0.4833	0.2364	0.2372	0.2533	0.3200	0.4460	0.7766
2011	0.3179	0.3665	0.6948	0.4775	0.2359	0.2119	0.2773	0.3299	0.4509	0.8418
2012	0.3417	0.3340	0.6411	0.4690	0.3201	0.2352	0.2861	0.3689	0.5029	0.9186

资料来源：根据《中国建制镇统计年鉴》(2008年、2010年、2012年)，《中国城乡建设统计年鉴》(2007年、2009年、2011年、2012年)及《中国县域统计年鉴》(2013年)计算得出。

从表 3-1 中可以清楚地发现，排水管道长度和体育场馆这两项公共服务的变异系数最大，其中排水管道长度的变异系数 2007 年为 0.7975，2012 年下降为 0.6411，降幅为 19.61%；体育场馆的变异系数则由 2007 年的 0.6944 增至 2012 年的 0.9186，增幅为 32.29%。

医疗卫生类（病床数和医生数）的变异系数在五大类公共服务中最小，其中医生数的变异系数 2007 年为 0.2510，2012 年下降为 0.2352，降幅为 6.30%；而病床数的变异系数则由 2007 年的 0.2822 增至 2012 年的 0.2861，增幅为 1.38%。

十项公共服务中，供水设施数、排水管道长度、小学学校数和医生数这四项公共服务的差异越来越小，但公路里程，中学学校数，病床数，敬老院、福利院，图书馆、文化站，体育场馆这六项公共服务的差异却有扩大的趋势。

二、运用基尼系数衡量小城镇公共服务供给的地区差异

基尼系数是根据洛伦兹曲线提出的判断均等化程度的指标，本书采用 Sen[①] 提出的基尼系数计算公式来分析小城镇公共服务的区域差异：

---

① Sen A. On Economic Inequality [M]. Oxford：Clarendon Press，1997.

$$G = 1 + \frac{1}{n} - \frac{2}{n^2 \bar{Y}} \sum_{i=1}^{n}(n-i+1)Y_i \qquad (3-2)$$

在计算基尼系数的过程中，首先按每万人口拥有的资源从低到高进行排列，其次生成序列 i（i=1，2，…，n），Y_i 为排序后第 i 个省（自治区、直辖市）每万人口拥有的资源，$\bar{Y}$ 为 Y_i 的平均值。

基尼系数用以衡量不同人口维度占有的公共服务资源的差异程度。按照联合国有关组织规定，基尼系数若低于 0.2，表示绝对平均；基尼系数在 0.2~0.3，表示比较平均；基尼系数在 0.3~0.4，表示相对合理；基尼系数在 0.4~0.5，表示差距较大；基尼系数在 0.5 以上，表示差距悬殊。根据式（3-2）计算出 2007 年、2009 年、2011 年和 2012 年四年小城镇公共服务十个指标的基尼系数值，测算结果如表 3-2 所示。

表 3-2 小城镇人均公共服务区域差异的基尼系数

年份	基础设施			教育		医疗卫生		社会保障	文化娱乐	
	公路里程	供水设施数	排水管道长度	小学学校数	中学学校数	医生数	病床数	敬老院、福利院	图书馆、文化站	体育场馆
2007	0.1750	0.1924	0.3844	0.2739	0.1358	0.1394	0.1547	0.1706	0.2011	0.3418
2009	0.1822	0.1827	0.3547	0.2744	0.1274	0.1308	0.1383	0.1610	0.2354	0.3560
2011	0.1756	0.1917	0.3459	0.2692	0.1262	0.1200	0.1455	0.1659	0.2377	0.3407
2012	0.1898	0.1750	0.3237	0.2648	0.1533	0.1347	0.1549	0.1765	0.2523	0.3756

资料来源：根据《中国建制镇统计年鉴》（2008 年、2010 年、2012 年）、《中国城乡建设统计年鉴》（2007 年、2009 年、2011 年、2012 年）及《中国县域统计年鉴》（2013 年）计算得出。

从表 3-2 中可以看出，十项人均公共服务地区分布差异的基尼系数最大值都不超过 0.4，即这十项公共服务地区分布差异都是在绝对平均与相对合理的范围内浮动，没有出现配置差距过大和差距悬殊的情况。公路里程，供水设施数，中学学校数，医生数，病床数，敬老院、福利院这六项公共服务地区分布差异的基尼系数都低于 0.2，其中供水设施数、医生数这两项公共服务的基尼系数在波动中缩小，其基尼系数值从 2007 年的 0.1924 和 0.1394 分别降到 2012 年的 0.1750 和 0.1347，降幅分别为 9.04% 和 3.37%。而公路里程，中学学校数，病床数，敬老院、福利院这四项公共服务的基尼系数在波动中增加，其基尼系数值从 2007 年的 0.1750、0.1358、0.1547 和 0.1706 分别增至 2012 年的 0.1898、0.1533、0.1549 和 0.1765，增幅分别为 8.46%、12.89%、0.12%和 3.46%。

小学学校数，图书馆、文化站这两项公共服务地区分布差异的基尼系数在 0.2~0.3，其中小学学校数的基尼系数 2007 年为 0.2739，2012 年降到 0.2648，降幅为 3.32%；图书馆、文化站的基尼系数则从 2007 年的 0.2011 增加到 2012 年的 0.2523，增幅为 25.46%。

排水管道长度和体育场馆这两项公共服务地区分布差异的基尼系数在 0.3~0.4，其中排水管道长度的基尼系数 2007 年为 0.3844，2012 年降到 0.3237，降幅为 15.79%；体育场馆的基尼系数则从 2007 年的 0.3418 增加到 2012 年的 0.3756，增幅为 9.89%。

三、运用泰尔指数衡量小城镇公共服务供给的地区差异

作为广义熵指标体系的一种特殊形式，泰尔指数具有可分解的独特优势。它可以将地区总差异分解为东部、中部、西部和东北部四大地区间[①]差异与地区内差异，从而有助于了解区间差异和区内差异各自对总体差异的贡献率，解析出总体差异的主要来源。

借鉴 Theil（1967）[②] 和 Shorrocks（1980）[③] 对泰尔指数及其结构分解的方法，将小城镇公共服务的泰尔指数及其结构分解的测算公式调整如下：

设 V_i 是第 i 个省（自治区、直辖市）的资源占有量，V 是全国的资源占

[①] 将全国划分为四大经济区来考察小城镇公共服务的区域差异。具体划分为：东部地区包括江苏、浙江、北京、上海、福建、山东、天津、河北、广东和海南十个省（直辖市）；湖南、湖北、江西、河南、山西和安徽六个省归为中部地区；重庆、四川、内蒙古、陕西、青海、广西、贵州、云南、甘肃、宁夏、新疆十一个省（自治区、直辖市）列为西部地区；辽宁、吉林和黑龙江三省组成东北地区。西藏由于统计数据的缺失没有列入西部地区。

[②] Theil H. Economics and Information Theory [M]. Amsterdam: North Holland Publishing Company, 1967.

[③] Shorrocks R. The Class of Additively Decomposable Inequality Measures [J]. Econometrica, 1980, 3 (48): 613-625.

有量，P_i是第 i 个省（自治区、直辖市）的人口，P 是全国总人口。则泰尔指数可定义为：

$$T = \sum_i \left[\frac{V_i}{V} \cdot \ln\left(\frac{V_i V}{P_i P}\right) \right], \quad (i = 1, 2, \cdots, n) \tag{3-3}$$

设 E、M、W、N 分别表示东、中、西和东北四个区域，V_E、V_M、V_W、V_N 分别表示东、中、西和东北四个区域的资源占有量，P_E、P_M、P_W、P_N 分别表示东、中、西和东北四个区域的人口，T_E、T_M、T_W、T_N 分别表示东、中、西和东北四个区域的泰尔指数，则 T_E、T_M、T_W、T_N 可以分别用公式表示如下：

$$T_E = \sum_i \left[\frac{V_i}{V_E} \cdot \ln\left(\frac{V_i V_E}{P_i P_E}\right) \right], \quad (i = 1, 2, \cdots, 10) \tag{3-4}$$

$$T_M = \sum_i \left[\frac{V_i}{V_M} \cdot \ln\left(\frac{V_i V_M}{P_i P_M}\right) \right], \quad (i = 1, 2, \cdots, 6) \tag{3-5}$$

$$T_W = \sum_i \left[\frac{V_i}{V_W} \cdot \ln\left(\frac{V_i V_W}{P_i P_W}\right) \right], \quad (i = 1, 2, \cdots, 11) \tag{3-6}$$

$$T_N = \sum_i \left[\frac{V_i}{V_N} \cdot \ln\left(\frac{V_i V_N}{P_i P_N}\right) \right], \quad (i = 1, 2, 3) \tag{3-7}$$

根据泰尔指数的可加分解特性，泰尔指数可以分解为区域间差异和区域内差异，T_B、T_I 分别表示四大区域间和四大区域内的泰尔指数，则四大区域间的差异为：

$$T_B = \frac{V_E}{V} \cdot \ln\left(\frac{V_E V}{P_E P}\right) + \frac{V_M}{V} \cdot \ln\left(\frac{V_M V}{P_M P}\right) + \frac{V_W}{V} \cdot \ln\left(\frac{V_W V}{P_W P}\right) + \frac{V_N}{V} \cdot \ln\left(\frac{V_N V}{P_N P}\right) \tag{3-8}$$

四大区域内的差异为：

$$T_I = \frac{V_E}{V} \cdot T_E + \frac{V_M}{V} \cdot T_M + \frac{V_W}{V} T_W + \frac{V_N}{V} T_N \tag{3-9}$$

总体差异为：

$$T = T_B + T_I \tag{3-10}$$

将式（3-10）两边都除以 T，则得到：

$$1 = T_B/T + T_I/T \tag{3-11}$$

式 (3-11) 中，T_B/T 代表区域间差异对区域总差异的贡献率，T_I/T 代表区域内差异对区域总差异的贡献率。进一步对 T_I/T 进行分解，东、中、西、东北部区域内差异对总体差异的贡献率为：

$$G_j = \frac{V_j}{V} \cdot \frac{T_j}{T} (j = E, M, W, N) \tag{3-12}$$

(一) 区域总差异的测度分析

根据式 (3-3) 计算出 2007 年、2009 年、2011 年和 2012 年四年小城镇公共服务十个指标区域总差异的泰尔指数值，测算结果如表 3-3 所示。

表 3-3 小城镇人均公共服务区域差异的总泰尔指数

年份	基础设施			教育		医疗卫生		社会保障	文化娱乐	
	公路里程	供水设施数	排水管道长度	小学学校数	中学学校数	医生数	病床数	敬老院、福利院	图书馆、文化站	体育场馆
2007	0.0553	0.0396	0.1862	0.1022	0.0218	0.0449	0.0321	0.0449	0.0553	0.1439
2009	0.0517	0.0373	0.1587	0.1077	0.0205	0.0404	0.0327	0.0467	0.0774	0.2106
2011	0.0527	0.0417	0.1606	0.1055	0.0191	0.0299	0.0313	0.0500	0.0804	0.1755
2012	0.0609	0.0366	0.1549	0.1029	0.0252	0.0380	0.0406	0.0581	0.0939	0.2102

资料来源：根据《中国建制镇统计年鉴》(2008 年、2010 年、2012 年)，《中国城乡建设统计年鉴》(2007 年、2009 年、2011 年、2012 年) 及《中国县域统计年鉴》(2013 年) 计算得出。

如表 3-3 所示，从总泰尔指数值可以看出，2007 年，在五大类公共服务中，基础设施类的排水管道长度泰尔指数值最大，其值为 0.1862，说明小城镇排水管道分布不均的现象十分严重。之后呈波动性下降趋势，2009 年降至 0.1587，2011 年虽有所回升，也只是达到 0.1606，2012 年为 0.1549。教育类的中学学校数泰尔指数值在五大类公共服务中则处于最低水平，2007 年其泰尔指数值为 0.0218，2011 年降至 0.0191，2012 年再次增加到 0.0252。基础设施类的公路里程，教育类的小学学校数、中学学校数，医疗卫生类的病床数，社会保障类的敬老院、福利院及文化娱乐类的图书馆、文化站和体育场馆，这些公共服务的泰尔指数值均呈上升趋势，这充分说明小城镇大多数公共服务的区域差距在进一步扩大。

（二）区域总差异的分解

根据泰尔指数具有可加分解的特性，将小城镇公共服务的区域总差异分解成东、中、西及东北四大区域间的差异及区域内部的差异。根据式（3-8）、式（3-9）和式（3-11）测算得出四大区域间和四大区域内的差异及其各自的贡献率，具体数值如表3-4所示。

表3-4 四大区域间和四大区域内的泰尔指数及其贡献率

年份	指标	基础设施			教育		医疗卫生		社会保障	文化娱乐	
		公路里程	供水设施数	排水管道长度	小学学校数	中学学校数	医生数	病床数	敬老院、福利院	图书馆、文化站	体育场馆
2007	区域间	0.0164	0.0085	0.1005	0.0278	0.0077	0.0002	0.0010	0.0089	0.0043	0.0383
	贡献率(%)	29.62	21.39	53.98	27.20	35.19	0.53	3.21	19.77	7.80	26.64
	区域内	0.0389	0.0311	0.0857	0.0744	0.0141	0.0447	0.0311	0.0360	0.0509	0.1055
	贡献率(%)	70.38	78.61	46.02	72.8	64.81	99.47	96.79	80.23	92.2	73.36
2009	区域间	0.0162	0.0088	0.0779	0.0276	0.008	0.0007	0.0005	0.0110	0.0049	0.0661
	贡献率(%)	31.38	23.50	49.13	25.63	38.81	1.64	1.41	24.38	6.28	31.39
	区域内	0.0354	0.0285	0.0807	0.0801	0.0125	0.0397	0.0322	0.0353	0.0725	0.1445
	贡献率(%)	68.62	76.50	50.87	74.37	61.19	98.36	98.59	75.62	93.72	68.61
2011	区域间	0.0175	0.0077	0.0769	0.0344	0.0077	0.0012	0.0013	0.0128	0.0051	0.0544
	贡献率(%)	33.26	18.47	47.88	32.65	40.11	4.09	4.25	25.54	6.32	31.00
	区域内	0.0352	0.034	0.0837	0.0710	0.0114	0.0287	0.0300	0.0372	0.0753	0.1211
	贡献率(%)	66.74	81.53	52.12	67.35	59.89	95.91	95.75	74.46	93.68	69.00
2012	区域间	0.0235	0.0070	0.0637	0.0372	0.0097	0.0012	0.0009	0.0140	0.0092	0.0884
	贡献率(%)	38.52	19.10	41.13	36.15	38.64	3.19	2.16	24.10	9.78	42.05
	区域内	0.0374	0.0296	0.0912	0.0657	0.0154	0.0368	0.0397	0.0441	0.0847	0.1218
	贡献率(%)	61.48	80.90	58.87	63.85	61.36	96.81	97.84	75.90	90.22	57.95

资料来源：根据《中国建制镇统计年鉴》（2008年、2010年、2012年），《中国城乡建设统计年鉴》（2007年、2009年、2011年、2012年）及《中国县域统计年鉴》（2013年）计算得出。

从表 3-4 可以看出，基础设施类指标共有三项，其中公路里程的区域间泰尔指数一路飙升，从 2007 年的 0.0164 增至 2012 年的 0.0235，其区域间差异的贡献率则从 29.62%升至 38.52%，而供水设施数和排水管道长度的区域间泰尔指数则表现出相反的趋势，其值分别从 2007 年的 0.0085 和 0.1005 下滑到 2012 年的 0.0070 和 0.0637，区域间差异的贡献率则从 2007 年的 21.39%和 53.98%跌到 2012 年的 19.1%和 41.13%。

教育类指标（小学学校数和中学学校数）区域间泰尔指数 2007 年分别为 0.0278 和 0.0077，对全国区域总差异的贡献率分别为 27.20%和 35.19%，2009 年、2011 年和 2012 年三年间其泰尔指数出现了波动性增长，2012 年其区域间泰尔指数分别增至 0.0372 和 0.0097，四大区域间差异的贡献率分别扩大到 36.15%和 38.64%，这说明小城镇教育类的公共服务四大区域之间的差异正在不断扩大，四大区域内差异则有不断缩小的趋势。

从医疗卫生类的两项指标来看，全国区域总差异主要来源于四大区域内部的差异，2007 年、2009 年、2011 年和 2012 年四年间医生数和病床数这两项指标的区域内泰尔指数对总体泰尔指数的贡献率均在 95%以上。从医生数这项指标来看，其区域间泰尔指数在 2007 年只有 0.0002，之后三年分别达到 0.0007、0.0012 和 0.0012，略微有所增长，但是四年间区域间泰尔指数的贡献率最高也只是达到 4.09%，仍小于 5%。从病床数这项指标来看，其区域间泰尔指数出现了波动性下降，从 2007 年的 0.0010 减至 2009 年的 0.0005，之后增大到 2011 年的 0.0013，2012 年又降到 0.0009，对区域总差异的贡献率也由 3.21%降到 2.16%。

敬老院、福利院的泰尔指数这项指标主要用来考察小城镇的社会保障服务能力，其四大区域间的泰尔指数值 2007 年仅为 0.0089，此后逐年增加，2012 年达到 0.0140，对总差异的贡献率则从 2007 年的 19.77%增至 2012 年的 24.10%。这一数据的变化说明按照四区域的划分标准，2007~2012 年四年间小城镇的社会保障类公共服务区域间差异有逐步扩大之势。

文化娱乐类两项指标中，图书馆、文化站区域间泰尔指数值 2007 年为 0.0043，之后逐年增长，2012 年其值达到 0.0092，区域间差异的贡献率则从 7.80%增至 9.78%，体育场馆区域间泰尔指数值则表现出波动性增长，2007 年其值为 0.0383，2009 年增加到 0.0661，2011 年虽有所回落，但是仍达到 0.0544，2012 年达到 0.0884，其区域间差异的贡献率与泰尔指数值的变化趋势一致，2012 年体育场馆区域间差异的贡献率达到 42.05%，这说明小城镇文化娱乐类的公共服务四大区域之间的差异有不断扩大之势。

总体而言，除了排水管道长度在 2007 年这一年出现了区域间泰尔指数大于区域内泰尔指数的情况，这四年间小城镇各项公共服务的区域内差异贡献率均在 50% 以上，区域内差异大于区域间差异。

（三）东部地区内部差异

根据式（3-4）和式（3-12），测算出东部地区内部的泰尔指数及其贡献率，具体数值如表 3-5 所示。

表 3-5 东部地区内部的泰尔指数及其贡献率

年份	指标	东部地区内部差异								
		基础设施			教育		医疗卫生		社会保障	文化娱乐	
		公路里程	供水设施数	排水管道长度	小学学校数	中学学校数	医生数	病床数	敬老院福利院	图书馆文化站	体育场馆
2007	泰尔指数	0.0216	0.0452	0.1162	0.1015	0.0133	0.0783	0.0383	0.0087	0.0467	0.058
	贡献率(%)	12.54	45.79	37.87	28.22	20.49	70.71	46.39	6.54	34.46	20.65
2009	泰尔指数	0.0217	0.0402	0.116	0.1079	0.0094	0.0689	0.0415	0.0097	0.0615	0.0995
	贡献率(%)	13.58	42.33	42.79	29.26	15.69	71.73	50.40	6.93	33.99	25.57
2011	泰尔指数	0.0262	0.0415	0.1251	0.0885	0.0074	0.0566	0.0489	0.0103	0.0652	0.0535
	贡献率(%)	15.59	38.11	45.07	23.41	13.23	73.17	62.22	6.66	32.47	12.75
2012	泰尔指数	0.0314	0.0394	0.1285	0.0833	0.0069	0.0624	0.065	0.0091	0.0909	0.0947
	贡献率(%)	15.87	40.55	47.17	22.50	9.24	67.10	66.75	5.12	37.49	16.67

资料来源：根据《中国建制镇统计年鉴》（2008 年、2010 年、2012 年）、《中国城乡建设统计年鉴》（2007 年、2009 年、2011 年、2012 年）及《中国县域统计年鉴》（2013 年）计算得出。

如表3-5所示，东部地区基础设施类指标中的两项（供水设施数和排水管道长度）、医疗卫生类指标（医生数和病床数）的泰尔指数数值及其贡献率位列四区域的首位，而教育类指标（小学学校数和中学学校数）、社会保障类指标（敬老院、福利院）和文化娱乐类指标（图书馆、文化站和体育场馆）的泰尔指数数值及其贡献率则排在四区域的第二位，基础设施类指标中的公路里程的泰尔指数数值及其贡献率排在四区域的第三位，且从2007年、2009年、2011年和2012年四年的对比来看，公路里程、排水管道长度、病床数和图书馆、文化站这四项指标的数值逐步增加。其他六项指标的数值呈现下降趋势，但是幅度不大。这说明东部地区小城镇公共服务供给虽然整体水平好于中西部、东北部地区，但是东部各省之间的公共服务供给却表现出较大的差异，而且某些公共服务供给的这种差异还有扩大之势。之所以造成这种局面，主要是由于长期以来东部地区经济相对发达，公共服务供给的省际差异并没有引起人们的广泛关注，由此导致基本公共服务供给过程中，东部落后地区处于劣势地位。一方面，这些地区由于地处东部，得不到国家相关政策惠及，在本公共服务供给过程中处于政策洼地地位，其基本公共服务供给甚至滞后于中西部地区部分省份；另一方面，基本公共服务供给落后，又反过来影响到这些地区的经济社会发展，导致人才、资本等要素外流，进而与同处东部的先进地区的发展差距不断加大。

（四）中部地区内部差异

根据式（3-5）和式（3-12），测算出中部地区内部的泰尔指数及其贡献率，具体数值如表3-6所示。

表3-6 中部地区内部的泰尔指数及其贡献率

年份	指标	中部地区内部差异									
		基础设施			教育		医疗卫生		社会保障	文化娱乐	
		公路里程	供水设施数	排水管道长度	小学学校数	中学学校数	医生数	病床数	敬老院、福利院	图书馆、文化站	体育场馆
2007	泰尔指数	0.0317	0.0222	0.0255	0.0355	0.0134	0.0093	0.0219	0.0162	0.0670	0.1664
	贡献率(%)	15.27	12.63	3.00	11.19	18.26	5.35	17.33	9.82	29.47	30.83

续表

年份	指标	中部地区内部差异									
		基础设施			教育		医疗卫生		社会保障	文化娱乐	
		公路里程	供水设施数	排水管道长度	小学学校数	中学学校数	医生数	病床数	敬老院、福利院	图书馆、文化站	体育场馆
2009	泰尔指数	0.0311	0.0141	0.0242	0.0353	0.0157	0.0094	0.0324	0.0041	0.1224	0.2472
	贡献率(%)	16.50	8.88	3.55	10.69	22.68	6.08	25.74	2.47	42.11	33.33
2011	泰尔指数	0.0238	0.0125	0.0215	0.0377	0.0123	0.0126	0.0182	0.0026	0.1206	0.2319
	贡献率(%)	12.84	7.26	3.15	12.25	18.85	11.89	14.72	1.47	43.92	50.04
2012	泰尔指数	0.0255	0.0110	0.0402	0.0353	0.0125	0.0136	0.0159	0.0021	0.1081	0.1710
	贡献率(%)	11.96	7.54	6.22	12.07	14.79	10.23	10.26	1.09	37.31	36.40

资料来源：根据《中国建制镇统计年鉴》（2008年、2010年、2012年），《中国城乡建设统计年鉴》（2007年、2009年、2011年、2012年）及《中国县域统计年鉴》（2013年）计算得出。

如表3-6所示，中部地区六个省的教育类、医疗卫生类和社会保障类三大类五项指标及基础设施类指标中的一项指标（供水设施数）的泰尔指数数值及其贡献率均处于四区域的第三位，基础设施类指标中的另两项（公路里程和排水管道长度）则排在四区域的第二位，而文化娱乐类指标的泰尔指数数值及其贡献率排在四区域的首位，从2007年、2009年、2011年和2012年四年的对比来看，文化娱乐类两项指标（图书馆、文化站和体育场馆）、医生数、小学学校数及排水管道长度泰尔指数数值呈波动性增长，这说明中部地区的小城镇公共服务供给内部各省之间的差异不如东部和西部那么明显，但是这种差异正在逐步扩大。以上分析可以得出一个有趣的结论：中部崛起这一战略的实施使中部省际的公共服务供给差异呈扩大之势，这一结果可能缘于中部各省接受中央优惠政策的覆盖面不同，在优惠政策的消化和吸收上表现出差异。

（五）西部地区内部差异

根据式（3-6）和式（3-12），测算出西部地区内部的泰尔指数及其贡献率，具体数值如表3-7所示。

表 3-7 西部地区内部的泰尔指数及其贡献率

年份	指标	西部地区内部差异									
		基础设施			教育		医疗卫生		社会保障	文化娱乐	
		公路里程	供水设施数	排水管道长度	小学学校数	中学学校数	医生数	病床数	敬老院福利院	图书馆文化站	体育场馆
2007	泰尔指数	0.0668	0.0269	0.0496	0.1021	0.0177	0.0364	0.034	0.0842	0.0399	0.1597
	贡献率(%)	42.30	20.06	3.78	33.12	24.77	22.71	31.62	60.15	19.74	19.79
2009	泰尔指数	0.0575	0.0316	0.0300	0.1138	0.0150	0.0308	0.0247	0.0929	0.0434	0.1289
	贡献率(%)	38.02	24.73	2.82	34.16	22.20	20.27	21.86	64.59	13.43	9.21
2011	泰尔指数	0.0575	0.0501	0.0308	0.1011	0.0167	0.0113	0.0179	0.0952	0.0486	0.0535
	贡献率(%)	37.96	35.78	2.97	31.15	27.20	10.72	17.48	63.93	14.99	5.32
2012	泰尔指数	0.0577	0.0401	0.0438	0.0924	0.0298	0.0281	0.0301	0.1202	0.0564	0.0579
	贡献率(%)	33.35	32.46	4.47	28.66	36.47	18.90	20.52	67.50	13.90	4.33

资料来源：根据《中国建制镇统计年鉴》（2008年、2010年、2012年），《中国城乡建设统计年鉴》（2007年、2009年、2011年、2012年）及《中国县域统计年鉴》（2013年）计算得出。

如表 3-7 所示，从我国西部地区小城镇人均公共服务供给的泰尔指数计算结果来看，基础设施类指标中的公路里程、教育类指标（小学学校数和中学学校数）和社会保障类指标（敬老院、福利院数）的泰尔指数数值及其贡献率在西部地区最大，基础设施类指标中的供水设施数、医疗卫生类指标（医生数和病床数）的泰尔指数数值及其贡献率在四区域中位列第二。基础设施类指标中的排水管道长度、文化娱乐类两项指标（图书馆、文化站和体育场馆）的泰尔指数数值及其贡献率则排在四区域的第三位，2007年、2009年、2011年和2012年四年间，公路里程，小学学校数，医生数，病床数，图书馆、文化站和体育场馆这六项指标的泰尔指数贡献率总体趋势是下降的，而其他四项指标的泰尔指数虽然有所增长，但增长幅度不大，这说明了西部地区公共服务供给差距在明显缩小。实际上，西部地区小城镇公共服务供给的泰尔指数的变化趋势正好能反映我国一些地区倾斜的政策。2000年，国家开始实行"西部大开发"战略,为了促进西部地区经济社会又好又快发展,2007年"西部大开发"新开工10项重点工程,其中一项是西部地区教育、卫生等社会事业项目,2010年7月5日到6日,"西部大开发"10周年之际,中共中央、国务院在北京召开"西部大开发"工作会议。回顾总结10年来"西部大开发"的成就和经验,全面部署深入实施"西部大开发"战略工作。会议提出要更加注重社会事业发展,着力促进基本公共服务均等化和民生改善。正是有了这些向西部倾斜的优惠政策,西部地区各省、自治区和直辖市的公共服务供给整体水平有了很大提高,公共服务供给差距明显缩小。

(六)东北部地区内部差异

根据式(3-7)和式(3-12),测算出东北部地区内部的泰尔指数及其贡献率,具体数值如表3-8所示。

表3-8 东北部地区内部的泰尔指数及其贡献率

年份	指标	东北部地区内部差异									
		基础设施			教育		医疗卫生		社会保障	文化娱乐	
		公路里程	供水设施数	排水管道长度	小学学校数	中学学校数	医生数	病床数	敬老院、福利院	图书馆、文化站	体育场馆
2007	泰尔指数	0.0023	0.0006	0.0817	0.0744	0.0046	0.0058	0.0081	0.024	0.0622	0.0699
	贡献率(%)	0.26	0.12	1.36	0.27	1.29	0.71	1.45	3.72	8.53	2.08
2009	泰尔指数	0.0045	0.0025	0.082	0.0048	0.0021	0.0022	0.0036	0.0127	0.0484	0.0432
	贡献率(%)	0.53	0.56	1.72	0.26	0.62	0.28	0.60	1.63	4.20	0.50
2011	泰尔指数	0.0033	0.002	0.0481	0.0107	0.002	0.0007	0.0094	0.0226	0.0310	0.0552
	贡献率(%)	0.35	0.38	0.93	0.54	0.61	0.12	1.32	2.39	2.30	0.88
2012	泰尔指数	0.0035	0.0017	0.0464	0.0124	0.0038	0.0044	0.0028	0.0244	0.0251	0.0456
	贡献率(%)	3.09	0.35	1	0.63	0.87	0.57	0.30	2.19	1.52	5.43

资料来源:根据《中国建制镇统计年鉴》(2008年、2010年、2012年),《中国城乡建设统计年鉴》(2007年、2009年、2011年、2012年)及《中国县域统计年鉴》(2013年)计算得出。

如表3-8所示，小城镇人均公共服务供给的十项指标的泰尔指数数值及其贡献率在东北部地区最小。2007年、2009年、2011年和2012年四年间除公路里程、供水设施数、小学学校数、体育场馆这四项指标外，其余六项指标的泰尔指数数值均呈波动性下降，这一变化趋势也契合了国家近年来提出的振兴东北老工业基地的政策。

第二节　小城镇公共服务供给内容结构失衡

小城镇公共服务供给内容结构失衡的突出特点是小城镇公共服务供给与居民对公共服务的需求不匹配，公共服务供给的增长对居民需求的动态适应性不强，供给过剩与部分短缺现象并存，下面我们具体分析小城镇公共服务的需求影响因素以及小城镇公共服务供给不能有效动态调整的原因，以此分析小城镇公共服务的供求不匹配情况。

一、小城镇公共服务需求差异的影响因素

引起小城镇公共服务需求差异变化的原因有很多，本节从三个层面来梳理阐述小城镇公共服务需求差异的影响因素。

（一）非均衡的镇域经济发展使小城镇公共服务的需求呈现差异

我国区域发展的不均衡不但在东、中、西和东北四大地域之间表现显著，而且这种差异在省域、县域甚至镇域之间也日益凸显。2005年9月，国家统计局公布第一届全国千强镇名单，其中数量较多的省市分布情况是：浙江268个、江苏266个、广东152个、上海102个、山东49个、福建40个、北京29个。2006年11月，国家统计局公布第二届全国千强镇名单，浙江共有266个城镇名列其中，而中部六省只有29个城镇在名单之内。浙江266个"千强镇"中有146个居前500强，占总数的55%。中部只有7个城镇处于

500 名以内，排名最靠前的居第 29 名①。2014 年，中小城市学会、中小城市经济发展委员会等联合主编的《中小城市绿皮书：中国中小城市发展报告(2014)》强力推出中国中小城市综合实力百强镇，该评价以国家统计局公布的千强镇为基本评价对象，考虑到建制镇数据的可得性和可比性，选取了地区生产总值、人均地区生产总值、地方财政收入三项指标进行综合比较，计算了建制镇的综合得分，发布了全国综合实力百强镇榜单。这 100 个镇的分布情况是上海 28 个、江苏 23 个、广东 22 个、浙江 19 个、福建 6 个、北京 1 个、河北 1 个②。

《中国建制镇统计年鉴》（2008 年）显示，2007 年东部地区建制镇的平均财政收入和平均财政支出分别为 9085.74 万元和 5461.45 万元，中部地区建制镇的平均财政收入为 1606.36 万元，平均财政支出为 1128.12 万元，两者仅为东部地区平均水平的 17.68% 和 20.66%，而西部地区建制镇的平均财政收入和支出则更低，分别只达到 1230.37 万元和 943.67 万元。东北部地区建制镇的平均财政收入和支出分别为 1610.36 万元和 1318.74 万元，与中部地区相近，与东部地区相去甚远。2008 年之后的建制镇相关年鉴不再提供建制镇的平均财政收入和平均财政支出数据，但是建制镇固定资产投资额为我们理解镇域经济发展的不平衡提供了另一个视角和窗口。

如表 3-9 所示，2007 年，东部地区建制镇平均固定资产投资额为 42769.76 万元，是全国建制镇平均固定资产投资额（20667.74 万元）的两倍多，中部、西部、东北部地区建制镇平均固定资产投资额分别为 12531.03 万元、9305.51 万元和 5829.72 万元，只达到全国平均水平的 60.63%、45.02% 和 28.21%，与东部地区的平均值更是相去甚远；2009 年，除了东北部地区建制镇平均固定资产投资额略有下降外，东部、中部和西部地区建制镇平均固定资产投资额均有所上升，其中，东部地区的平均值达到 73416.79 万元，这一数值是中部地区平均值的 2.93 倍，西部地区平均值的 4 倍，东北部地区平均

---

① 叶青. 中西部城镇化是中国经济的关键 [EB/OL]. (2014-03-10). http://opinion.haiwainet.cn/n/2014/0310/c232601-20385142.html.
②《中国中小城市发展报告》编纂委员会. 中小城市绿皮书：中国中小城市发展报告 (2014) [M]. 北京：社会科学文献出版社，2014.

值的15.85倍;2011年,四大地区建制镇平均固定资产投资额均有所上升,其中,中部、西部、东北部地区建制镇平均固定资产投资额分别为45362.23万元、32705.17万元和10721.85万元,仅为东部地区平均值的42.34%、30.53%和10%;2012年,尽管中部、西部、东北部地区建制镇平均固定资产投资额分别上升到58577.06万元、36403.82万元和49785.86万元,但是与东部地区相比仍有差距,仅为东部地区平均值的46.32%、28.79%和39.37%。

表3-9　建制镇平均固定资产投资额

单位:万元

年份	东部地区平均值	中部地区平均值	西部地区平均值	东北部地区平均值	全国平均值
2007	42769.76	12531.03	9305.51	5829.72	20667.74
2009	73416.79	25037.38	18336.47	4631.55	36638.96
2011	107128.98	45362.23	32705.17	10721.85	57604.39
2012	126463.26	58577.06	36403.82	49785.86	71194.14

注:表中数据是用各地区建制镇固定资产投资额除以建制镇个数计算得到,建制镇固定资产投资额数据来源于《中国建制镇统计年鉴》(2008年、2010年、2012年),《中国县域统计年鉴》(2013年);建制镇个数的数据来源于《中国城乡建设统计年鉴》(2007年、2009年、2011年、2012年)。

毫无疑问,一个地区需要多少公共服务,需要什么种类的公共服务,以及各种公共服务在总量中的地位变化和结构关系与该地区经济发展水平和区域特点息息相关。由以上数据分析可以看出,星罗棋布的小城镇呈现出经济发展水平的多层次性和非平衡性,既有经济发展水平相对发达的小城镇,比如《中小城市绿皮书:中国中小城市发展报告(2014)》推出的百强镇的前三甲,江苏昆山市玉山镇、江苏常熟市虞山镇和广东佛山市南海区狮山镇,这部分小城镇经济发展迅速,综合经济实力强,居民对公共服务的需求与城市居民极为相似,生产性公共服务的需求逐步被有利于发展和享受的生活消费性公共服务所取代;然而,由于镇域经济非均衡发展问题的存在,有些小城镇经济发展速度较慢,自我发展能力不足,辐射带动功能薄弱,带有明显的农村乡集镇的烙印,比如云南省西盟县勐卡镇、勐腊县关累镇等,这些小城镇经济发展比较落后,自然资源比较短缺,以农业为主,因此,这些地区小城镇居民公共服务需求结构与城市有显著差异,他们对与农业生产有关的公共服务,如农业技术培训这类生产性公共服务的需求相对更为迫切。

(二) 不同的公共服务需求收入弹性使小城镇公共服务的需求呈现差异

公共服务的需求收入弹性是指一定时期内,在其他条件保持不变的情况下,当消费者的收入水平变化1%时,对公共服务需求量变化的百分数。它测度的是公共服务的需求量对收入水平的变化作出反应的敏感程度。用公式表示为:

$$E_m = \frac{\Delta Q/Q}{\Delta I/I} \tag{3-13}$$

式 (3-13) 中,E_m 表示公共服务需求收入弹性系数,Q 代表公共服务需求量,ΔQ 代表公共服务需求量的变动量,I 代表收入,ΔI 代表收入的变动量。

1. 不同收入水平下公共服务的需求收入弹性

德国经济学家瓦格纳在对欧洲国家和美国、日本等国的公共支出资料进行实证分析的基础上得出了著名的瓦格纳法则,即随着人均收入水平的提高,财政支出占GNP的比重将会提高,这一法则又称为政府活动扩张法则。毋庸置疑,公共部门的相对重要性会随着收入水平的提高而相应地增加。因此,随着个人收入的增加,小城镇公共服务的消费需求也相应增加,而且由于小城镇公共服务不仅是正常品,而且是优质品,公共服务需求增加的幅度大于收入增长的幅度。

如图 3-1 所示,向上倾斜的直线表示正常品的需求曲线,两条向上凸起

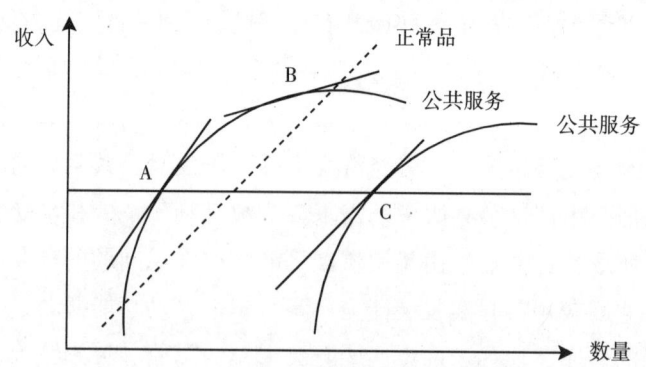

图 3-1 公共服务的需求收入弹性

资料来源: 李华, 张靖会. 公共产品的需求收入弹性与市场供给的相关分析 [J]. 财政研究, 2008 (10): 37-39.

的曲线表示公共服务的需求曲线，收入水平从 A 点提高到 B 点，相应的需求收入弹性也增加了。

2. 相同收入水平下公共服务的需求收入弹性

即使收入水平相同，也有可能出现不同的公共服务的需求收入弹性。如图 3-1 所示，处于同一水平线上的 A 点和 C 点具有相同的收入水平，但是需求收入弹性并不相等。这主要是由于公共服务需求收入弹性除了受到收入的显著影响，其他一些因素诸如受教育程度、年龄特征、宗教信仰、社会习惯等都会对公共服务的需求收入弹性产生影响。例如，通常高学历者对问题的思考更深，对自我的要求和品质的追求也更高，所以即便高学历者与低学历者收入相同，他们对公共服务的需求却表现得更为强烈。年龄特征也会对公共服务的需求收入弹性产生影响，年轻人更加偏好个性化、发展性的公共服务，老年人则更加偏好保障性的公共服务。而宗教信仰、社会习惯等在长期历史时期内的积淀，更是在无形中影响着个人对公共服务的偏好，短期内难以改变[①]。

（三）小城镇经济发展阶段的变化使小城镇公共服务的需求呈现差异

经济发展使居民收入水平不断提高，收入水平的提高使居民对公共服务的数量和质量的要求越来越高，因此，在不同的经济发展阶段，小城镇公共服务需求会有明显的差异。按照马斯洛的需求层次理论，个体需求层次从低到高分为生理需求、安全需求、社交需求、尊重需求和自我实现需求五个层次。随着经济的发展，人们收入水平的变化，个体需求层次也会相应发生变化。在经济发展相对落后的阶段，人们对生理需求和安全需求这类层级较低的需求更为迫切，与之相对应，居民需要维持性的公共服务来保障生活的基本需求。当这些需求得到满足以后，人们开始考虑高层次的社交需求和尊重需求，社交和被尊重需要拥有基本的环境保证，这些环境包括基础设施的建设等，这就需要经济性的公共服务供给要跟进。最后是自我实现的需要，要实现自我、发挥自己的潜力、表现自己的才能，这就需要个人相应的物质和

---

① 李华，张靖会.公共产品的需求收入弹性与市场供给的相关分析［J］.财政研究，2008（10）：37-39.

精神等方面的保证，包括受教育、享受医疗卫生等保障，这时社会性公共服务需求尤为迫切。当然，维持性公共服务和经济性公共服务的需求，并不会因为个体需求层次的变化而消失，相反它们将与社会性公共服务需求共同发展，只是需求比例的大小会进行相应调整[①]。

而这种随着收入的变化，对公共服务需求结构的变化也可以用恩格尔定律表现出来，即随着家庭收入的增加，用于食品等生理需要的开支在收入中的比重越来越小，而用在非生活必需品等精神需要上的开支在收入中的比重越来越大，这也表明社会对公共服务数量和质量的需求会随着社会的进步和生活水平的提高而变化。

如表3-10所示，1978年，中国城乡居民家庭恩格尔系数分别为57.5%和67.7%，到2013年，二者分别降至35.0%和37.7%，这不仅反映了居民的食品等生活必需品支出占总支出的比例不断下降，也反映了居民在医疗、教育、文化娱乐领域的支出比重不断上升，相应地，居民对公共服务的需求结构随着经济发展阶段的变化也在不断地动态调整。

表3-10 城乡居民家庭恩格尔系数变化

年份	城镇人口（亿人）	恩格尔系数（%）	类型	农村人口（亿人）	恩格尔系数（%）	类型
1978	1.72	57.5	温饱	7.90	67.7	绝对贫困
1990	3.02	54.2	温饱	8.41	58.8	温饱
2000	4.59	39.4	富裕	8.08	49.1	小康
2005	5.62	36.7	富裕	7.45	45.5	小康
2010	6.70	35.7	富裕	6.71	41.1	富裕
2013	7.31	35.0	富裕	6.30	37.7	富裕

资料来源：《中国统计摘要（2014）》。

---

① 贺香彬.改革开放以来我国公共产品供给结构调整及动因探析[J].辽宁行政学院学报，2010（8）：21-23.

二、小城镇公共服务供给没有根据需求的差异动态调整

前文从三个方面分析了小城镇公共服务需求的影响因素,要提高小城镇公共服务供给的有效性和针对性,就必须根据居民对公共服务需求的偏好和差异动态调整小城镇公共服务的供给。在小城镇公共服务中,按照委托—代理理论,存在两个层次的委托—代理关系,第一个层次是居民与政府,由于政治权力的合法性来源于居民的委托,居民与政府是委托人和代理人关系;第二个层次是政府内部也存在着委托—代理关系,即上级政府是下级政府及下设行政机构的委托人,下级政府及下设行政机构是上级政府的代理人,即形成中央政府→省级政府→市级政府→县级→乡镇→……的委托—代理关系[①]。然而,现行的政治体制是作为最终委托人的居民对代理人(各级政府)的影响几乎不存在,自上而下的考核体制使得下级政府往往偏向于向上级政府负责,相对忽视最终委托人居民的需求。所以作为终极委托人的居民很难通过有效的监督和激励机制来约束代理人政府的行为,在政治目标和经济利益的驱动下,作为小城镇公共服务供给中核心主体的各级政府必然会做出凸显政府官员"政绩"的制度安排。那些看得见、摸得着、工期短、见效快的显性公共服务供给显然会受到重视,而看不见、摸不着、工期长、见效慢的隐性公共服务则被各级官员所忽视。

另外,政府机构作为小城镇公共服务供给的载体有其存在的必要性,但是真正能给居民带来福利的是公共服务自身的效用。然而,现实情况是政府机构臃肿,庞大的政府规模不仅占用了大量的公共经费,而且办事效率极差,对小城镇居民来说,这样的公共服务供给显然过剩。

---

① 詹建芬.农村公共产品短缺中的地方政府行为理性分析[J].浙江社会科学,2007(3):196-201.

第三节 小城镇公共服务供给主体结构失衡

随着我国城镇化发展战略的实施，小城镇发展和建设成为社会经济发展关注的热点，小城镇建设进入了加速发展的快车道。然而，作为拉动小城镇建设和经济发展的重要引擎的小城镇公共服务供给，仍然依靠政府为主体进行供给，其他诸如企业、非政府组织、公民个人等供给主体在公共服务供给中发挥的作用非常有限，造成小城镇公共服务供给难以满足城镇发展的需求，制约了小城镇的规模扩大与健康发展。小城镇公共服务供给主体结构失衡可以从两个方面进行分析。

一、作为核心供给主体的政府已经力不从心

目前，小城镇公共服务供给相比以前有了很大改观，小城镇公共服务投融资体制初步呈现出多元化的特点，但是政府投资仍然是小城镇公共服务供给的主要渠道，由于未能有效调动企业、居民个人等社会资金参与小城镇公共服务供给，资金短缺、投入不足成为我国小城镇公共服务供给面临的最大难题，阻碍了小城镇的进一步发展。

当然，除了受到城镇财力问题的制约外，小城镇公共服务投资资金短缺与财政地方分权限度、政府间转移支付制度及乡镇政府职能也是息息相关的。乡镇政府的资金来源主要是其预算内和预算外的收入。我国大多数乡镇不是一级完整的财政，没有独立编制和审批预决算的职能，由于要上缴预算内收入，因此，支出只能靠上级财政下拨。而我国传统的城市偏向型发展战略及其制度惯性，使得大部分财政收入被集中用于城市建设，推动乡镇建设和发展的资金十分有限。这就注定了乡镇政府面临着财政下拨的资金有限及预算外收入不稳定的双重困境，这种资金不足的困境使得小城镇公共服务供给难以满足城镇发展的需求。

总体上看，我国小城镇基础设施建设管理体制受计划经济体制的惯性影响较大，小城镇基础设施主要靠政府及由其授权的国有企事业机构以垄断方式投资建设和运营，政府的管理体制、企业的经营机制还不能适应市场经济发展的需求，存在政企不分、政事不分的现象，经营性、准经营性、公益性等不同性质的项目捆绑运行，投资运营的责权利难以统一。一些发展较慢的小城镇，在思想观念及认识上因循守旧，对改革的重要性和必要性认识不清，有畏难情绪，缺乏改革的主动性和紧迫性；一些发展较快的小城镇，尽管市场化改革步伐比较快，但改革政策缺乏稳定性、连续性和预期性，政策说变就变，一任书记、一任镇长，一个政策。因此，在现有的资金管理框架下，这些特性和运行方式不同的资金有效整合的程度差，资金难以滚动利用，降低了资金的使用效率[①]。

二、非政府供给主体的作用没有得到有效发挥

随着经济社会的发展，小城镇居民对公共服务的需求日益增长并呈现出多样化的特征，由于政府的财政资源十分有限，难以满足居民对公共服务的需求偏好。正是在这样的背景下，非政府供给主体逐渐介入小城镇公共服务的供给中来，与政府供给相配合、相补充，对小城镇发展和小城镇居民生活改善起到了积极的作用。然而，小城镇公共服务非政府供给仍然存在一些问题，使得非政府供给主体在公共服务供给中的作用没有得到有效发挥，主要表现在以下几个方面：

（1）企业参与小城镇公共服务的供给在提高公共服务供给效率的同时，也在追求自身利益最大化。小城镇公共服务具有的公共性品质，导致诸如水、气、电这类小城镇基础设施的价格极低，基本上微利经营，而且这类公共服务建设周期长，资金回流慢，投资回报的长期性和微利性使得以利润最大化为目标的社会资本参与意愿很低。因此，企业在供给公共服务的过程中，公

---

① 冀忠实，宋又川. 小城镇基础设施建设投资社会多元化的探讨[J]. 小城镇建设，2006（5）：12-16.

共服务的公共性和市场主体的私利性不可避免地会产生冲突和矛盾。同时，随着公共服务供给范围的日益扩大，越来越多的企业参与到公共服务的供给中来，为了排挤竞争对手，企业之间还可能产生恶性竞争和寻租行为，滋生官员腐败、不公平竞争等问题，从而影响公共服务供给的质量，导致公共服务的供给与社会需求不符，最终损害了公众的权益。

（2）作为介于政府与企业之间的一个社会组织，非政府组织在小城镇公共服务供给中具有自身独特的优势。然而，由于政府对非政府组织的管理方式过于僵硬，相关规章制度和申报、审批程序烦琐，导致非政府组织的活动空间受到限制。另外，非政府组织是以行业属性为基础存在的，缺乏联合性的社会组织，在参与公共服务供给过程中常常面临资金短缺、治理领域狭隘、专业人员匮乏及组织腐败等"志愿失灵"问题[1]。

（3）公民个人作为小城镇公共服务供给中的重要补充力量，也在发挥着其作用。公民个人提供公共服务，既需要有供给公共服务所需要的财力基础，更需要有参与意识和理念。然而，政府在公共服务和公共事务的行动过程中，往往忽视与公民的良性互动，使得公民个人参与的积极性不高。

第四节 本章小结

本章分析阐述了我国小城镇公共服务供给区域结构失衡、供给内容结构失衡、供给主体结构失衡的现状，建立本书研究的现实出发点。

（1）基尼系数、变异系数以及总泰尔指数的测算结果均表明公路里程，中学学校数，病床数，敬老院、福利院，图书馆、文化站，体育场馆这六项公共服务供给的地区差异有扩大之势，说明小城镇大多数公共服务供给的区域差距在进一步扩大；从区域间和区域内泰尔指数数值及其贡献率来看，除

---

[1] 莱斯特·M.萨拉蒙.公共服务中的伙伴——现代福利国家中政府与非营利性组织的关系［M］.田凯译.北京：商务印书馆，2008.

了排水管道长度在2007年这一年出现了区域间泰尔指数大于区域内泰尔指数的情况，这四年间小城镇各项公共服务的区域内差异贡献率均在50%以上，说明小城镇公共服务供给区域内差异大于区域间差异；从东、中、西及东北部内部差异来看，东部和西部地区各省份小城镇公共服务供给的差异大于中部和东北部地区。东部和中部地区各省份小城镇公共服务供给的差异正在逐步扩大，而西部和东北部地区各省份小城镇公共服务供给的差异则明显缩小。

（2）小城镇公共服务需求结构是不断动态发展变化的。非均衡的镇域经济发展、不同的公共服务需求收入弹性及小城镇经济发展阶段的变化都使小城镇公共服务的需求呈现出显著的差异。而现有的政治体制安排使得作为终极委托人的居民很难通过有效的监督和激励机制来约束代理人政府的行为，在政治目标和经济利益的驱动下，作为小城镇公共服务供给中核心主体的各级政府必然会做出凸显政府官员"政绩"的制度安排，导致小城镇公共服务供给无法有效根据需求的差异动态调整。

（3）作为拉动小城镇建设和经济发展的重要引擎的小城镇公共服务供给，仍然依靠政府为主体进行供给，其他诸如企业、非政府组织、公民个人等供给主体在公共服务的供给中发挥的作用非常有限，造成小城镇公共服务供给难以满足城镇发展的需求，制约了小城镇的规模扩大与健康发展。

第四章 基于空间关联效应的小城镇公共服务供给区域结构分析

近年来,在国家大力推进城镇化的背景下,小城镇公共服务供给有了很大改善。如何客观、全面、真实、准确地评价我国小城镇公共服务供给水平,小城镇公共服务供给是否存在空间关联效应,这是一个值得大家思考的问题。本章试图建立一套科学的指标体系,综合评价各地区小城镇公共服务的供给水平,在此基础上,进一步探讨小城镇公共服务供给的空间关联状况。

本章的基本思路是:首先,构建包含五项一级指标和11项二级指标的综合评价指标体系,采用主成分因子分析法综合评价全国30个省份(西藏及港澳台地区除外)小城镇公共服务供给;其次,运用聚类分析划分不同类型的小城镇公共服务供给,呈现小城镇公共服务供给的分布特征;最后,运用空间相关统计量莫兰指数(Moran's I)测算小城镇公共服务供给的总体空间关联状况与识别局部空间关联模式,探讨不同省域间公共服务供给的空间相关性。基于以上思路,本章的结构安排如下:第一节对小城镇公共服务供给的水平进行综合评价;第二节对小城镇公共服务供给水平进行聚类分析;第三节探讨小城镇公共服务供给的空间相关性。

第一节 小城镇公共服务供给水平的综合评价

本节将构建小城镇公共服务供给水平的衡量指标,运用主成分分析方法,对全国各省(直辖市、自治区)小城镇公共服务供给水平进行动态综合评价。

一、小城镇公共服务供给指标体系的构建

小城镇公共服务涵盖的内容非常丰富，因此本书所构建出的指标体系不可能穷尽小城镇公共服务所涉及的各个方面，我们在构建小城镇公共服务供给评价指标时，既要考虑指标的系统性和整体性，力求反映小城镇公共服务供给的主要内容，同时也要注意指标的客观性和可得性。根据现有统计资料，本章将小城镇公共服务供给指标评价体系分为一级指标和二级指标两个层级。基础设施、教育、医疗卫生、社会保障和文化娱乐构成了各地区小城镇公共服务供给评价的一级指标。这些指标涵盖了小城镇公共服务中最重要的几个方面，具有典型性和代表性。根据所属一级指标的类别，构建了11个二级指标。完整指标体系如表4-1所示。

表4-1 小城镇公共服务供给评价指标体系

一级指标	二级指标	单位	一级指标	二级指标	单位
基础设施	x_1，用水普及率	%	教育	x_5，幼儿园教育资源密度	所/平方公里
	x_2，用气普及率	%		x_6，小学教育资源密度	所/平方公里
	x_3，路网密度	公里/平方公里		x_7，中学教育资源密度	所/平方公里
	x_4，排水管道暗渠密度	公里/平方公里			
医疗卫生	x_8，医疗资源密度	所/平方公里	文化娱乐	x_{10}，图书馆、文化站分布密度	所/平方公里
社会保障	x_9，养老资源密度	所/平方公里		x_{11}，体育馆分布密度	所/平方公里

1. 基础设施类指标

在基础设施方面，分别选取用水普及率、用气普及率、路网密度和排水管道暗渠密度四项指标来反映小城镇基础设施供给状况。

2. 教育类指标

在教育方面，分别选取幼儿园教育资源密度、小学教育资源密度和中学教育资源密度三项指标来反映小城镇教育状况。

3. 医疗卫生类指标

在医疗卫生方面，选取医疗资源密度指标来反映小城镇医疗资源供给状况。

4. 社会保障类指标

在社会保障方面，选取养老资源密度指标来反映小城镇养老公共服务供给状况。

5. 文化娱乐类指标

在文化娱乐方面，分别选取图书馆、文化站分布密度和体育馆分布密度两项指标来反映小城镇文化娱乐公共服务供给状况。

对选取的各个指标具体解释如下：

x_1（用水普及率）=建制镇的用水人口数/建制镇的总人口

x_2（用气普及率）=建制镇的用气人口数/建制镇的总人口

x_3（路网密度）=建制镇的公路里程/建制镇的行政区域面积

x_4（排水管道暗渠密度）=建制镇的排水管道暗渠长度/建制镇的行政区域面积

x_5（幼儿园教育资源密度）=建制镇拥有的幼儿园数/建制镇的行政区域面积

x_6（小学教育资源密度）=建制镇拥有的小学数/建制镇的行政区域面积

x_7（中学教育资源密度）=建制镇拥有的中学数/建制镇的行政区域面积

x_8（医疗资源密度）=建制镇拥有的医院、卫生院数/建制镇的行政区域面积

x_9（养老资源密度）=建制镇拥有的敬老院、福利院数/建制镇的行政区域面积

x_{10}（图书馆、文化站分布密度）=建制镇拥有的图书馆、文化站数/建制镇的行政区域面积

x_{11}（体育馆分布密度）=建制镇拥有的体育馆数/建制镇的行政区域面积

二、小城镇公共服务供给评价的数据来源

用水普及率、用气普及率、排水管道暗渠密度这三个指标的原始数据来自《中国城乡建设统计年鉴》（2007年、2009年、2011年、2012年），其他八个指标则分别根据《中国建制镇统计年鉴》（2008年、2010年、2012年）和《中国县域统计年鉴》（2013年）中提供的相关数据计算得到。《中国城乡建设统计年鉴》中关于建制镇的数据中没有对西藏进行统计，为了使分析的口径保持一致，本章选取除西藏及港澳台地区之外的30个省（直辖市、自治区）作为研究样本。

三、小城镇公共服务供给评价的方法及过程

主成分分析法是利用降维的思想，通过线性组合的方式，把相互关联的原始变量用不相关的几个新变量表示，出于简化数据的目的，选取新变量的个数即主成分的个数少于原始变量个数，并且这些新变量包含原始变量的大部分信息。在应用这种研究方法时，主成分个数的确定是一个至关重要的步骤。现有的大多数文献是依据主成分累计方差贡献率大于80%（或85%）、特征根大于1的选取原则来确定主成分个数的。林海明、杜子芳（2013）[①]对此提出了质疑，并论证了应用主成分分析法进行综合评价的应用条件。本书结合他们的研究，以2012年小城镇公共服务供给的相关数据为例，梳理主成分分析的综合评价步骤（限于篇幅，2007年、2009年和2011年三年的评价步骤放在附录二中）。

（一）数据正向化和标准化处理

本书构建的小城镇公共服务供给评价指标全部为正指标。由于小城镇公共服务的各项评价指标分别具有不同的量纲和量级，如果直接采用原始值就会造成偏差，因此我们选择标准化方法对原始指标进行无量纲化处理。

---

① 林海明，杜子芳. 主成分综合评价应该注意的问题 [J]. 统计研究，2013（8）：25-31.

(二)判定指标体系可降维

设 p 维原始指标体系变量为 $X = (x_1, x_2, \cdots, x_p)'$。标准化处理后的矩阵为 $X^* = (x_1^*, x_2^*, \cdots, x_p^*)'$。如果变量间有相关系数的绝对值 ≥ 0.8,则可对指标体系进行降维处理。运用 SPSS 19.0 进行处理,如表 4-2 所示,x_8^* 与 x_3^*、x_7^*、x_9^* 之间的相关系数分别为 0.847、0.935、0.844,说明可以对数据降维。

表 4-2 相关系数矩阵

变量	x_1^*	x_2^*	x_3^*	x_4^*	x_5^*	x_6^*	x_7^*	x_8^*	x_9^*	x_{10}^*	x_{11}^*
x_1^*	1.000	0.627	0.489	0.631	0.472	0.188	0.480	0.503	0.481	0.327	0.330
x_2^*	0.627	1.000	0.504	0.741	0.508	0.152	0.567	0.605	0.654	0.265	0.281
x_3^*	0.489	0.504	1.000	0.635	0.734	0.516	0.742	0.847	0.703	0.705	0.671
x_4^*	0.631	0.741	0.635	1.000	0.571	0.379	0.463	0.576	0.541	0.387	0.431
x_5^*	0.472	0.508	0.734	0.571	1.000	0.619	0.764	0.784	0.678	0.864	0.641
x_6^*	0.188	0.152	0.516	0.379	0.619	1.000	0.526	0.483	0.436	0.674	0.588
x_7^*	0.480	0.567	0.742	0.463	0.764	0.526	1.000	0.935	0.921	0.757	0.781
x_8^*	0.503	0.605	0.847	0.576	0.784	0.483	0.935	1.000	0.844	0.797	0.760
x_9^*	0.481	0.654	0.703	0.541	0.678	0.436	0.921	0.844	1.000	0.620	0.700
x_{10}^*	0.327	0.265	0.705	0.387	0.864	0.674	0.757	0.797	0.620	1.000	0.774
x_{11}^*	0.330	0.281	0.671	0.431	0.641	0.588	0.781	0.760	0.700	0.774	1.000

(三)判定主成分 F_1,F_2,$\cdots$,F_k 有较为清楚的解释

记前 k 个主成分为 F_1,F_2,$\cdots$,$F_k(k<p)$,$\lambda_j = VaR(F_j)$,$j = 1, 2, \cdots, k$,λ_j 是指标变量体系 X^* 的相关系数阵的第 j 个特征根(按由大到小降序排列),即为第 j 个主成分的方差 $VaR(F_j)$。标准化变量 X^* 与主成分 F_1,F_2,$\cdots$,F_k 的相关阵,即主成分载荷阵记为 A_k^0,$A_k^0 = (a_1^0, a_2^0, \cdots, a_k^0) = (a_{ij}^0)_{p \times k}$,其中 a_{ij}^0 是标准化变量 x_i^* 与主成分 F_j 的相关系数,a_j^0 是标准化变量 X^* 与主成分 F_j 的相关系数列。主成分为:

$$F_j = \sum_{i=1}^{p} \frac{a_{ij}}{\sqrt{\lambda_j}} x_i^* \qquad (4-1)$$

在因子分析主成分法下，主成分综合评价函数要得到较满意的结果，必须满足以下条件：主成分载荷阵（前 k 列初始因子载荷阵）相比旋转后因子载荷阵达到更好的简单结构或者主成分载荷阵与旋转后因子载荷阵是差异不大的简单结构。如果旋转后因子载荷阵达到更好的简单结构，则认为采用因子分析法比主成分分析法效果更好[①]。所谓因子载荷阵的简单结构是因子载荷阵使各变量在某单个因子上有高额载荷，即每行载荷的最大绝对值较靠近1，且列数较小。

简单结构的初始因子载荷阵记为 A_s^0，将 A_s^0、A_{s+1}^0、A_p^0 进行方差最大化的正交旋转，旋转后的因子载荷阵记为 $A_s^0\Gamma_s$, $A_{s+1}^0\Gamma_{s+1}$, $\cdots$, $A_p^0\Gamma_p$，其中 Γ_s、Γ_{s+1}、Γ_p 是使 $A_s^0\Gamma_s$, $A_{s+1}^0\Gamma_{s+1}$, $\cdots$, $A_p^0\Gamma_p$ 达到方差最大化的正交旋转阵。从中选出达到简单结构的旋转后因子载荷阵，记为 $A_m^0\Gamma_m$（s≤m）。将 A_s^0 与 $A_m^0\Gamma_m$ 进行比较，如果 A_s^0 达到更好的简单结构或 A_s^0、$A_m^0\Gamma_m$ 都是差异不大的简单结构，则主成分有较为清楚的解释。

如表 4-3 所示，列数 s = 1 时，初始因子载荷阵 A_1^0（表 4-3 A_4^0 的第 1 列）达到简单结构。从多个不同列的旋转后因子载荷阵中挑选（表 4-4 频数的第 2~6 列），m = 1 时，旋转后因子载荷阵 $A_1^0\Gamma_1$ 达到简单结构。

表 4-3 因子载荷阵（成分矩阵）

变量	A_4^0（初始因子载荷阵、主成分载荷阵）				$A_1^0\Gamma_1$（旋转后因子载荷阵）
	1	2	3	4	1
x_1	0.608*	0.554*	0.167	0.493*	0.608
x_2	0.658*	0.650*	−0.064	−0.247	0.658
x_3	0.869*	−0.014	0.040	0.011	0.869
x_4	0.705*	0.479*	0.372	−0.193	0.705
x_5	0.877*	−0.131	0.162	0.067	0.877
x_6	0.631*	−0.456	0.485*	−0.201	0.631
x_7	0.920*	−0.097	−0.313	−0.009	0.920
x_8	0.942*	−0.032	−0.217	0.014	0.942

---

① 林海明. 因子分析模型的改进与应用[J]. 数理统计与管理，2009，28(6): 998-1012.

续表

变量	A_4^0(初始因子载荷阵、主成分载荷阵)				$A_1^0 \Gamma_1$(旋转后因子载荷阵)
	1	2	3	4	1
x_9	0.875*	0.070	−0.341	−0.157	0.875
x_{10}	0.833*	−0.425	0.081	0.166	0.833
x_{11}	0.807*	−0.341	−0.103	0.063	0.807

注：* 表示因子载荷值大于显著相关的临界值。

如表 4-4 所示，由表 4-3 的 A_1^0 得到表 4-4 频数的第 1 列，表 4-4 频数的第 1 列和第 2 列表明 A_1^0 和 $A_1^0\Gamma_1$ 是一致的简单结构，故主成分为较为清楚的解释。

表 4-4　因子载荷阵每行元素最大绝对值靠近 1 频数表

每行因子载荷最大绝对值区间	频数					
	A_1^0	$A_1^0\Gamma_1$	$A_2^0\Gamma_2$	$A_3^0\Gamma_3$	$A_4^0\Gamma_4$	$A_1^0\Gamma_t$, t = 5~11
>0.9	2	2				
0.8~0.9	5	5				
0.7~0.8	1	1				
0.6~0.7	3	3	1			
0.5~0.6			1			
0.4~0.5			3	1	1	
<0.4			6	10	10	11
合计	11	11	11	11	11	11

（四）确定主成分个数 k

假设变量是正态分布，1% 的显著水平下，当样本个数为 30 时，显著相关的临界值是 r(n − 2) = r(28) = 0.463[①]。对于初始因子载荷阵 $A_n^0 = \{|a_{ij}|\}$，n = 11，对照表 4-3（表 4-3 列出了初始因子载荷阵的前 4 列）中各列的因子载荷，则：

[①] 茆诗松等. 概率论与数理统计 [M]. 北京：中国统计出版社，2000.

对于因子 1（表 4-3 第 1 列），$\max\{|a_{i1}|\} = 0.942 > r(n-2) = 0.463$；

对于因子 2（表 4-3 第 2 列），$\max\{|a_{i2}|\} = 0.650 > r(n-2) = 0.463$；

对于因子 3（表 4-3 第 3 列），$\max\{|a_{i3}|\} = 0.485 > r(n-2) = 0.463$；

对于因子 4（表 4-3 第 4 列），$\max\{|a_{i4}|\} = 0.493 > r(n-2) = 0.463$；

而对于因子 5~11（第 5~11 列，表 4-3 中省略，没有列出），均有 $\max\{|a_{ij}|\} < r(n-2) = 0.463$。

由此，主成分 F_1、F_2、F_3、F_4 与 X^* 显著相关，故 $k = 4$，累计方差率为 88.364%（见表 4-5）。

表 4-5 解释的总方差

成分	初始特征值			提取平方和载入		
	合计	方差的（%）	累计（%）	合计	方差的（%）	累计（%）
1	7.068	64.256	64.256	7.068	64.256	64.256
2	1.497	13.608	77.864	1.497	13.608	77.864
3	0.713	6.479	84.343	0.713	6.479	84.343
4	0.442	4.021	88.364	0.442	4.021	88.364
5	0.377	3.423	91.787	0.377	3.423	91.787
6	0.364	3.309	95.096	0.364	3.309	95.096
7	0.246	2.235	97.331	0.246	2.235	97.331
8	0.124	1.127	98.458	0.124	1.127	98.458
9	0.093	0.844	99.302	0.093	0.844	99.302
10	0.063	0.571	99.873	0.063	0.571	99.873
11	0.014	0.127	100	0.014	0.127	100

（五）计算各主成分的得分及综合主成分的得分

根据式（4-1），用标准化变量 x_i^* 以及初始因子载荷 a_{ij} 计算各主成分的得分：

$F_1 = 0.229x_1^* + 0.248x_2^* + 0.327x_3^* + 0.265x_4^* + 0.330x_5^* + 0.237x_6^* + 0.346x_7^* + 0.354x_8^* + 0.329x_9^* + 0.313x_{10}^* + 0.304x_{11}^*$

$F_2 = 0.453x_1^* + 0.531x_2^* + 0.011x_3^* + 0.391x_4^* - 0.107x_5^* - 0.373x_6^* - 0.079x_7^* -$

$$0.026x_8^* + 0.057x_9^* - 0.347x_{10}^* - 0.279x_{11}^*$$

$$F_3 = 0.198x_1^* - 0.076x_2^* + 0.047x_3^* + 0.441x_4^* + 0.192x_5^* + 0.574x_6^* - 0.371x_7^* -$$
$$0.257x_8^* - 0.404x_9^* + 0.096x_{10}^* - 0.122x_{11}^*$$

$$F_4 = 0.742x_1^* - 0.372x_2^* + 0.017x_3^* - 0.290x_4^* + 0.101x_5^* - 0.302x_6^* - 0.014x_7^* +$$
$$0.021x_8^* - 0.236x_9^* + 0.250x_{10}^* + 0.095x_{11}^*$$

在确定各主成分所占权重时，采用指标权重的归一化处理，即所有指标的权重之和为1，如式（4-2）所示：

$$\omega_i = \lambda_i / \sum_{i=1}^{4} \lambda \quad (4-2)$$

$$F_{综} = \omega_1 F_1 + \omega_2 F_2 + \omega_3 F_3 + \omega_4 F_4 = 0.727F_1 + 0.154F_2 + 0.073F_3 + 0.045F_4$$
$$= 0.284x_1^* + 0.239x_2^* + 0.240x_3^* + 0.272x_4^* + 0.242x_5^* + 0.144x_6^* + 0.212x_7^* +$$
$$0.236x_8^* + 0.208x_9^* + 0.193x_{10}^* + 0.173x_{11}^*$$

2012年30个省（直辖市、自治区）主成分得分及排名、综合得分及排名情况如表4-6所示。

表4-6 2012年各省（直辖市、自治区）主成分得分及排名和综合得分及排名

省（直辖市、自治区）	F_1 得分	排名	F_2 得分	排名	F_3 得分	排名	F_4 得分	排名	综合得分	排名
北京	1.370	9	1.372	4	-0.064	19	0.037	17	1.204	6
天津	2.363	5	0.997	8	0.368	11	0.626	5	1.927	5
河北	0.654	13	-1.271	28	0.071	16	0.476	8	0.307	15
山西	0.892	11	-1.456	29	0.685	6	1.278	1	0.533	12
内蒙古	-4.145	29	-0.750	24	-0.934	28	-0.592	24	-3.225	29
辽宁	-1.674	22	-0.069	15	-0.213	20	-0.258	22	-1.255	23
吉林	-2.889	25	-0.270	20	-0.583	27	0.196	9	-2.176	26
黑龙江	-2.961	26	0.146	14	-0.401	25	1.070	3	-2.111	25
上海	6.794	1	-0.165	18	-3.336	30	0.152	12	4.677	1
江苏	4.752	2	1.586	3	0.016	18	0.112	14	3.706	2
浙江	1.452	7	-0.127	17	-0.351	23	0.135	13	1.016	9
安徽	1.773	6	-1.157	27	0.270	12	-1.528	30	1.061	7

续表

省（直辖市、自治区）	F_1		F_2		F_3		F_4		综合得分	排名
	得分	排名	得分	排名	得分	排名	得分	排名		
福建	0.246	14	1.178	7	0.749	4	0.051	15	0.418	13
江西	0.051	16	−0.800	25	0.638	8	−1.104	28	−0.090	18
山东	3.092	4	−0.208	19	0.865	2	0.588	6	2.307	4
河南	3.954	3	−4.138	30	1.314	1	0.005	19	2.334	3
湖北	−0.282	19	0.885	9	0.108	15	0.161	10	−0.053	17
湖南	−0.174	18	−0.742	23	−0.317	22	−0.706	26	−0.296	19
广东	0.657	12	1.220	6	0.771	3	−0.668	25	0.692	11
广西	0.072	15	1.745	2	0.657	7	−1.147	29	0.317	14
海南	−0.080	17	1.247	5	0.499	9	−0.342	23	0.155	16
重庆	0.993	10	1.801	1	0.380	10	0.021	18	1.029	8
四川	1.373	8	0.165	13	−0.457	26	−0.186	21	0.982	10
贵州	−1.039	20	−0.718	22	0.250	13	0.500	7	−0.825	20
云南	−1.841	23	0.568	10	0.686	5	0.726	4	−1.168	21
陕西	−1.646	21	−0.093	16	0.019	17	0.157	11	−1.203	22
甘肃	−3.433	27	−0.704	21	−0.301	21	0.047	16	−2.625	28
青海	−4.413	30	−0.878	26	−1.139	29	−0.763	27	−3.462	30
宁夏	−2.425	24	0.215	12	0.142	14	−0.138	20	−1.726	24
新疆	−3.487	28	0.419	11	−0.392	24	1.095	2	−2.450	27

四、小城镇公共服务供给评价的结果

为取得30个省（直辖市、自治区）小城镇公共服务供给水平随时间变化的数据，分年度重复以上五步骤进行计算，得到30个省（直辖市、自治区）2007年、2009年、2011年和2012年各年小城镇公共服务供给水平的综合得分、四年的平均综合得分及其排名情况，如表4-7所示。

表 4-7 我国小城镇公共服务供给综合得分和排名结果

地区	2007 年		2009 年		2011 年		2012 年		综合		
东部	得分	排名	得分	排名	得分	排名	得分	排名	平均得分	按照中位数原则调整的平均得分	排名
北京	0.749	10	1.212	6	1.306	6	1.204	6	1.118	5.897	7
天津	1.311	6	1.985	4	2.135	5	1.927	5	1.840	6.719	5
河北	0.980	8	0.200	15	0.060	16	0.307	15	0.387	5.065	14
上海	5.043	1	4.393	1	4.778	1	4.677	1	4.723	10.000	1
江苏	4.004	2	4.287	2	3.945	2	3.706	2	3.986	9.161	2
浙江	1.595	5	0.995	9	1.269	7	1.016	9	1.219	6.012	6
福建	0.348	14	0.432	11	0.483	12	0.418	13	0.420	5.104	13
山东	1.700	4	2.158	3	2.261	4	2.307	4	2.107	7.023	4
广东	0.793	9	1.144	7	0.842	10	0.692	11	0.868	5.613	10
海南	-0.224	17	0.280	14	0.163	15	0.155	16	0.094	4.732	16
中部	得分	排名	得分	排名	得分	排名	得分	排名	平均得分	按照中位数原则调整的平均得分	排名
安徽	0.648	11	0.111	16	0.715	11	1.061	7	0.634	5.347	11
江西	-0.261	18	-0.357	18	-0.321	19	-0.090	18	-0.257	4.333	18
河南	2.464	3	1.858	5	2.306	3	2.334	3	2.241	7.175	3
湖北	-0.442	19	-0.150	17	0.019	17	-0.053	17	-0.157	4.447	17
湖南	-0.175	16	-0.364	19	-0.212	18	-0.296	19	-0.262	4.327	19
山西	0.571	12	0.284	13	0.308	14	0.533	12	0.424	5.108	12
西部	得分	排名	得分	排名	得分	排名	得分	排名	平均得分	按照中位数原则调整的平均得分	排名
广西	-0.107	15	0.412	12	0.346	13	0.317	14	0.242	4.901	15
重庆	0.564	13	0.998	8	1.238	8	1.029	8	0.957	5.715	9
四川	1.235	7	0.920	10	1.075	9	0.982	10	1.053	5.824	8
贵州	-0.928	21	-0.989	21	-0.930	20	-0.825	20	-0.918	3.581	20
云南	-1.201	23	-1.140	22	-1.247	22	-1.168	21	-1.189	3.272	22
陕西	-0.985	22	-1.252	23	-1.385	23	-1.203	22	-1.206	3.252	23

续表

地区	2007年		2009年		2011年		2012年		综合		
西部	得分	排名	得分	排名	得分	排名	得分	排名	平均得分	按照中位数原则调整的平均得分	排名
甘肃	-2.280	27	-2.483	28	-2.650	28	-2.625	28	-2.510	1.769	28
青海	-2.980	29	-2.740	29	-3.560	30	-3.462	30	-3.186	1.000	30
宁夏	-1.951	24	-2.101	26	-1.705	24	-1.726	24	-1.871	2.496	24
新疆	-2.473	28	-2.265	27	-2.520	27	-2.450	27	-2.427	1.863	27
内蒙古	-3.068	30	-2.817	30	-3.178	29	-3.225	29	-3.072	1.129	29
东北	得分	排名	得分	排名	得分	排名	得分	排名	平均得分	按照中位数原则调整的平均得分	排名
辽宁	-0.722	20	-0.943	20	-1.122	21	-1.255	23	-1.011	3.475	21
吉林	-2.051	25	-2.022	24	-2.237	26	-2.176	26	-2.122	2.211	25
黑龙江	-2.159	26	-2.048	25	-2.185	25	-2.111	25	-2.126	2.206	26

从表4-7中可以看出，四年间30个省（直辖市、自治区）小城镇公共服务供给水平都发生了明显的变化。小城镇公共服务供给水平综合得分呈上升趋势的有15个省（直辖市、自治区）。其中包括东部的北京、天津、福建、山东和海南；中部的江西、湖北和安徽；西部的广西、重庆、宁夏、新疆、贵州和云南；东北部的黑龙江。但各地区小城镇公共服务供给水平指数（得分）增长幅度存在差异。在小城镇公共服务供给水平综合得分上升的15个省（直辖市、自治区）中，山东省2007年的供给指数最高，其供给指数为1.700，2012年增长至2.307，增长了0.36倍，但排名保持在第4位。2007年供给指数最低的是新疆，其供给指数为-2.473，2012年增长至-2.450，仅增长了0.18%，排名从2007年的第28位上升为第27位，排名依然靠后；广西是30个省（直辖市、自治区）中增幅最大的地区，其供给指数从2007年的-0.107增长至2012年的0.317，但其排名仅上升了1位，从第15位升至第14位，这主要是由于广西2007年的供给指数过低，即便有较大的增幅其排名也难以有一个大的跨越。

小城镇公共服务供给水平综合得分呈下降趋势的也有15个省（直辖市、自治区）。其中包括东部的上海、河北、江苏、浙江、广东；中部的湖南、河南和山西；西部的四川、陕西、甘肃、青海和内蒙古；东北部的辽宁和吉林。在小城镇公共服务供给水平综合得分下降的15个省（直辖市、自治区）中，上海2007年的供给指数最高，其供给指数为5.043，2012年下降至4.677，下降了13.44%，但排名仍稳居第1位，这主要是因为上海的小城镇公共服务供给水平走在了全国前列，遥遥领先于其他省（直辖市、自治区），即便上海的小城镇公共服务供给水平有了小幅下调，也难以撼动其霸主地位。2007年供给指数最低的是内蒙古，其供给指数为-3.068，2012年下降至-3.225，下降了4.87%，但其排名却前进了1位，从2007年的第30位上升为2012年的第29位，这主要是排名第29位的青海2007年供给指数（-2.980）与内蒙古相差不大，跌幅却达到16.17%所至；降幅最大的地区是辽宁省，从2007年的-0.722下降至2012年的-1.255，其排名也从第20位跌至第23位。

为了更直观地观察各地区小城镇公共服务供给的相对水平，在保持排名不变的情况下，本书对各地区的平均得分进行了一定程度的区间控制①，将全国30个省（直辖市、自治区）的小城镇公共服务供给平均得分按照中位数原则调整到1~10。从表4-7中可以看出，小城镇公共服务供给水平综合排名第一位的是上海，其综合值为10，综合排名第二位的是江苏，其综合值为9.161，小城镇公共服务供给水平综合值最低的区域是青海和内蒙古，分别为1.000和1.129。可见，小城镇公共服务供给较充分的区域主要集中在东部发达地区，小城镇公共服务供给较贫乏的区域主要集中在经济发展落后、财政水平较低的西部地区。

---

① 按照中位数原则调整平均得分，公式为 $z_i = \dfrac{F_i - \min(F_i)}{\max(F_i) - \min(F_i)}(10-1)+1$，其中 $\max(F_i)$、$\min(F_i)$ 分别表示 F_i 的最大值、最小值。

第二节 小城镇公共服务供给水平的聚类分析

表 4-7 中各年小城镇公共服务供给水平的综合得分、平均综合得分及其排名情况，一定程度上反映了小城镇公共服务的供给水平，但是各省（直辖市、自治区）小城镇公共服务供给的共性经过综合计算之后被模糊了。因此，为了更深入细致地分析我国小城镇公共服务供给的地区分布特征，本节将对 2012 年我国小城镇公共服务供给水平进行聚类分析。

一、小城镇公共服务供给水平的聚类过程分析

聚类分析方法是根据"物以类聚"的道理，对样品或指标进行分类的一种多元统计分析方法。本书主要采取 Q 型聚类的方法对小城镇公共服务供给水平进行分析。

为了将样品分类，就需要研究它们之间的亲疏关系。一般情况下，用距离度量样品之间的亲疏程度，即把每一个样品看作多维空间上的一点，每个指标看作一维，并在空间定义距离，距离近的点归为一类，距离较远的点归为不同类[①]。我们把全国 30 个省（直辖市、自治区）小城镇公共服务供给水平看成 30 个样品，每个样品测得 11 项指标，数据表示如下：

$X = [X_{ij}]_{n \times p}$，其中 $X_{ij}(i = 1, 2, \cdots, n; j = 1, 2, \cdots, p)$ 中为第 i 个省的第 j 个指标的观测数据，这里 n = 30，p = 11。如果把 30 个省看成 11 维空间中的 30 个点，则任意两个省之间的相似程度可以用空间中两点的距离来度量。本书采用欧氏距离公式，令 d_{ab} 表示点 X_a 与点 X_b 间的距离，其公式为：

$$d_{ab}(2) = \left[\sum_{j=1}^{p} |X_{aj} - X_{bj}|^2 \right]^{1/2} \quad (1 \leq a, b \leq n) \tag{4-3}$$

[①] 傅德印. 应用多元统计分析 [M]. 北京：高等教育出版社，2013.

第四章 基于空间关联效应的小城镇公共服务供给区域结构分析

在此基础上，进一步采用离差平方和法定义类与类之间的距离，使得同一类的样品距离较小，不同类之间的距离较大。设将 n 个样品分成 m 类，G_1，G_2，…，G_m，$X_{(i)}^{(t)}$ 表示第 G_t 类中的第 i 个样品，n_t 表示第 G_t 类中样品的个数，$\overline{X}^{(t)}$ 表示 G_t 的重心。则 G_t 中样品的离差平方和为：

$$S_t = \sum_{i=1}^{n_t} (X_{(i)}^{(t)} - \overline{X}^{(t)})' (X_{(i)}^{(t)} - \overline{X}^{(t)}) \tag{4-4}$$

m 个类的类内离差平方和为：

$$S = \sum_{t=1}^{m} S_t = \sum_{t=1}^{m} (X_{(i)}^{(t)} - \overline{X}^{(t)})' (X_{(i)}^{(t)} - \overline{X}^{(t)}) \tag{4-5}$$

基于式（4-3）、式（4-5），离差平方和是将两类合并后所增加的离差平方和看成类之间的距离，先将 n 个样品各自归为一类，此时 S = 0。然后每次缩小一类，每缩小一次，离差平方和就会增加。选择使 S 增加最小的两类合并，直到所有的样品归为一类为止。

采用欧氏距离、离差平方和聚类方法进行系统聚类分析时还需注意两个方面：一是由于欧氏距离与各变量的量纲有关，所以要消除各指标的量纲差异。通常是对指标数据进行标准化处理，消除指标数据计量单位不同的影响。二是欧氏距离使用中要求样品的各指标相互之间无关系，或者说各指标对欧氏距离的贡献是相等的。

在前文的研究中，对 2012 年我国小城镇公共服务供给 11 个指标数据进行了主成分分析，得到表 4-6 的四个主成分数据，我们把表 4-6 的四个主成分作为新变量进行聚类分析以此来解决各指标的量纲差异和相关性问题。

二、小城镇公共服务供给水平的聚类结果分析

利用四个主成分指标通过 SPSS 19.0 分析软件进行聚类分析，得到聚类树状图，结果如图 4-1 所示。

为了体现类型之间的差异性，我们根据图 4-1，将小城镇公共服务供给水平分为四类。

小城镇公共服务供给结构：理论与实证分析

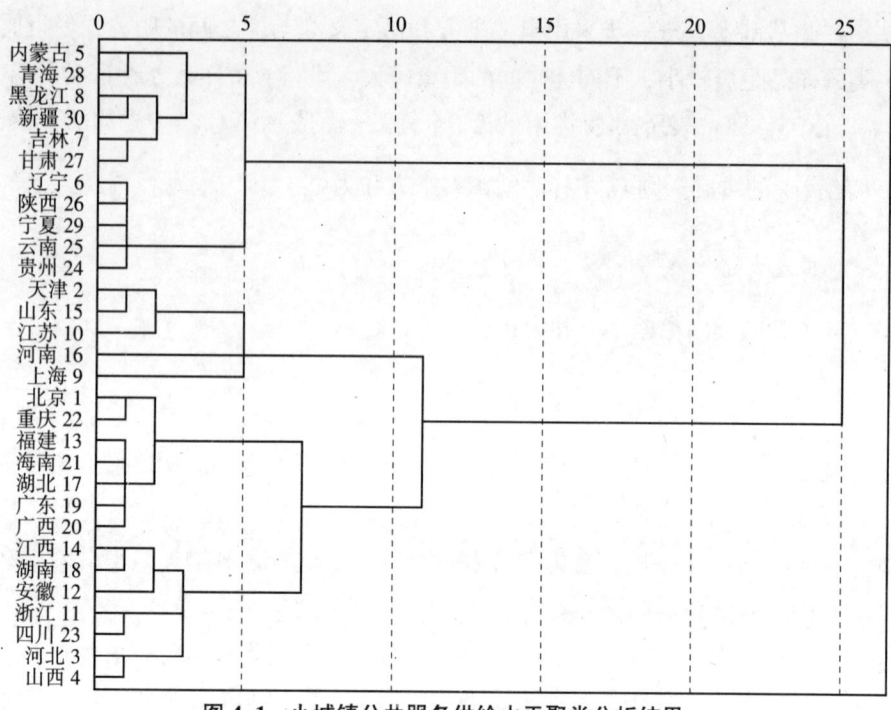

图4-1 小城镇公共服务供给水平聚类分析结果

第一类，小城镇公共服务供给高水平区域。该类主要包括上海、河南、江苏、天津、山东5个省份。这类区域的特点是小城镇公共服务供给综合得分值较高。由表4-6的数据可以看出，这些省份小城镇公共服务供给指数综合得分介于1.927和4.677之间，平均值为2.990，远高于所有省份的平均值（等于0）。这些地区主要位于东部，经济优势十分明显，因此，这些地区的小城镇公共服务供给在30个省份中处于领头羊位置。

第二类，小城镇公共服务供给较高水平区域。北京、重庆、福建、海南、湖北、广东、广西7个省份属于这一类。其中，小城镇公共服务供给综合得分最低的为湖北（-0.053），得分最高的为北京（1.204），这类区域其经济发展程度比第一类区域要落后，因此，小城镇公共服务供给能力相对弱一些。

第三类，小城镇公共服务供给中等水平区域。江西、湖南、安徽、浙江、四川、河北、山西7个省份属于这一类。这些省份大多位于中西部地区，其小城镇公共服务供给指数的平均值约为0.502，略高于全国的平均值（等于

0),基本处于国内平均水平,与那些发达地区相比,则仍然存在一定差距。

第四类,小城镇公共服务供给低水平区域。该类主要包括内蒙古、青海、黑龙江、新疆、吉林、甘肃、辽宁、陕西、宁夏、云南、贵州11个省份。由表4-6的数据看出,这些地区小城镇公共服务供给综合得分介于-0.825和-3.462之间,基本上都是居中偏下的(其平均值约为-2.021,低于所有省份的平均值)。由于这些省份基本上位于西部地区,经济发展较为落后,小城镇公共服务供给缺乏必要的资金投入。

第三节 小城镇公共服务供给的空间相关性

由于公共服务的供给对各类资源和要素集聚的影响,为了提供满意的公共服务,政府间展开了纵向与横向的博弈与竞争。由此可见,任何一个区域的小城镇公共服务供给都不可能独立存在,总是与其他区域的小城镇公共服务供给密切相关。本部分基于前文主成分分析结果得出的小城镇公共服务供给指数数据,测度小城镇公共服务的空间关联性。由于样本数据的限制,我们只得到了2007年、2009年、2011年和2012年四年的小城镇公共服务供给指数,因此,我们对空间截面数据进行空间相关性分析。莫兰指数(Moran's I)、吉尔里指数(Geary's C)和GO指数(G)等是空间计量经济学中描述空间关联性的统计量,其中莫兰指数统计量的应用最为广泛。莫兰指数可细分为全域莫兰指数(Global Moran's I)和局域莫兰指数(Local Moran's I),分别用来描述总体空间关联状况与识别局部空间关联模式。

一、小城镇公共服务供给的总体空间关联状况

全域莫兰指数通常用来描述总体空间关联状况,其计算公式为:

$$I = \frac{\sum_{i=1}^{n}\sum_{j=1}^{n}w_{ij}(y_i-\bar{y})(y_j-\bar{y})}{s^2\sum_{i=1}^{n}\sum_{j=1}^{n}w_{ij}} \tag{4-6}$$

式（4-6）中，$s^2=\frac{1}{n}\sum_{i=1}^{n}(y_i-\bar{y})^2$，$\bar{y}=\frac{1}{n}\sum_{i=1}^{n}y_i$，$y_i$ 表示第 i 个区域的公共服务供给指数，y_j 表示第 j 个区域的公共服务供给指数，n 为区域数，$\bar{y}$ 为公共服务供给指数的平均水平，w_{ij} 为空间权重矩阵。

空间权重矩阵是空间相关性计算的核心，故有必要对比研究不同的空间权重矩阵构建方式对空间相关性计算结果的影响。本章构建了两种空间权重矩阵：

（一）地理空间权重矩阵

地理空间权重矩阵用两个省域共享地理边界作为空间相关的标志，按空间计量经济学的经典定义"rook"准则进行设计，即有共同边界的区域为"邻居"区域，其他区域为非邻居区域。具体的设定如式（4-7）所示。

$$w_{ij}=\begin{cases}1(\text{区域 i 与区域 j 相邻})\\0(\text{区域 i 与区域 j 不相邻})\end{cases} \tag{4-7}$$

（二）经济空间权重矩阵

地理空间权重矩阵只是从地理位置相邻的视角考察小城镇公共服务供给的空间溢出作用，为了使分析更为全面，借鉴林光平等（2006）[1]、魏下海（2010）[2]、马明（2015）[3] 的定义，引入基于各省之间实际人均 GDP 差距的经济空间权重矩阵从经济联系的视角进一步探讨小城镇公共服务供给的空间溢出效应。如果两省之间人均 GDP 差距越小，则经济水平越接近，因而赋予较大权数，反之则赋予较小权数。具体的设定如式（4-8）所示。

---

[1] 林光平，龙志和，吴梅. 我国地区经济收敛的空间计量实证分析：1978~2002 年 [J]. 经济学季刊，2005（10）：67-81.

[2] 魏下海. 人力资本、空间溢出与省际全要素生产率增长——基于三种空间权重测度的实证检验 [J]. 财经研究，2010（12）：94-104.

[3] 马明. 网络基础设施对区域创新能力影响的实证检验 [J]. 统计与决策，2015（3）：98-101.

第四章 基于空间关联效应的小城镇公共服务供给区域结构分析

$$w_{ij} = \begin{cases} \dfrac{1/|\overline{Y}_i - \overline{Y}_j|}{\sum_j 1/|\overline{Y}_i - \overline{Y}_j|} & (若\ i \neq j) \\ 0 & (若\ i = j) \end{cases} \quad (4-8)$$

式（4-8）中，$\overline{Y}_i = \sum_{t=T_0}^{T} Y_{it}(T - T_0)$，$Y_{it}$ 为 i 省第 t 年的实际人均 GDP 水平。本章前文数据来源已说明本章选择了小城镇 2007 年、2009 年、2011 年和 2012 年这四年的相关数据，因此 $\overline{Y}_i$ 为这四年实际人均 GDP 水平的平均值，其中 2007 年为基年。

根据式（4-6），结合表 4-7 中 30 个省（直辖市、自治区）2007 年、2009 年、2011 年和 2012 年各年小城镇公共服务供给水平的综合得分数据，利用 GEODA 095i 软件和 STATA 12.0 软件，在不同权重矩阵构建方式下得到 30 个省（直辖市、自治区）小城镇公共服务供给的四年全域莫兰指数，结果如表 4-8 所示。

表 4-8 不同空间权重矩阵下小城镇公共服务供给全域莫兰指数

各年全域莫兰指数及其相应 P 值	2007 年		2009 年		2011 年		2012 年	
	莫兰指数	P 值	莫兰指数	P 值	莫兰指数	P 值	莫兰指数	P 值
GEODA：地理空间权重	0.607	0.001	0.590	0.001	0.600	0.001	0.617	0.001
STATA：经济空间权重	0.200	0.002	0.221	0.001	0.204	0.002	0.193	0.003

通常来说，全域莫兰指数在（-1，1）之间，大于 0 表示各区域间公共服务供给为空间正相关，即供给高的地区与供给高的地区靠近，供给低的地区与供给低的地区相邻，数值越大，正相关的程度越强；小于 0 表明各区域间公共服务供给为空间负相关，即供给高的地区与供给低的地区相邻；等于 0 表示各地区公共服务供给的高低与空间无关。

表 4-8 数据分析结果显示，根据地理空间权重矩阵运用 GEODA 软件计算得到我国 30 个省（直辖市、自治区）小城镇公共服务供给 2007 年、2009 年、2011 年和 2012 年的全域莫兰指数分别为 0.607、0.590、0.600 和 0.617，根据经济空间权重矩阵运用 STATA 软件计算得到的小城镇公共服务供给四年

的全域莫兰指数分别为 0.200、0.221、0.204 和 0.193，两种权重矩阵下计算的全域莫兰指数均通过了 1%的显著性水平检验，这表明小城镇的公共服务供给在空间分布上具有明显的空间正相关关系。而且，根据地理空间权重计算的四年全域莫兰指数变化表明：各省小城镇公共服务供给水平的正相关程度在波动中日益增强，空间集聚现象越来越显著。

二、小城镇公共服务供给的局部空间关联模式

为了进一步说明 30 个省（直辖市、自治区）小城镇公共服务供给在空间分布上的局域特征，我们使用局域莫兰指数描述局域的空间集聚。由于STATA 软件计算的局域莫兰指数是用表格的形式进行展示的，不如 GEODA 软件的 Moran 散点图形象，因此，下文的论述中我们仅根据地理空间权重矩阵运用 GEODA 软件直观地刻画局域的空间集聚。

局域莫兰指数计算公式为：

$$I_i = \frac{(y_i - \bar{y})}{\sum_{i=1}^{n}(y_i - \bar{y})^2} \sum_{j \neq i}^{n} w'_{ij}(y_j - \bar{y}) \qquad (4-9)$$

式（4-9）中，w'_{ij} 为标准化后的地理空间权重矩阵，局域莫兰指数的期望值为 $E_i(I_i) = \dfrac{-\sum_{j=1}^{n} w_{ij}}{n-1}$，当 $I_i > E_i(I_i)$ 时，表明区域 i 与周围区域的公共服务供给类似，即存在着一种正局部空间相关，Moran 散点图中第一象限（H-H 高值集聚）和第三象限（L-L 低值集聚）代表正的局部空间相关；当 $I_i < E_i(I_i)$ 时，则表明区域 i 与其周围区域的公共服务供给存在差异，即存在着一种负局域空间相关。Moran 散点图中第二象限（L-H 低高值集聚）和第四象限（H-L 高低值集聚）代表负的局部空间相关。

从 2007 年、2009 年、2011 年和 2012 年的小城镇公共服务 Moran 散点图来看，2007 年处于第一象限的有 11 个省份，处于第三象限的有 12 个省份，即全国 30 个省（直辖市、自治区）的 76.67%（23 个）的小城镇公共服务供

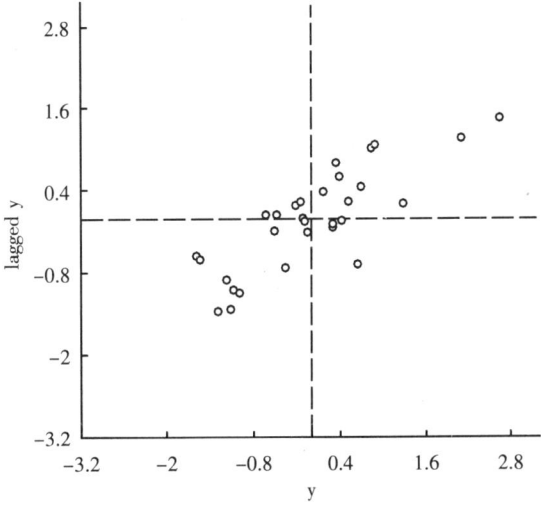

图 4-2　2007 年的 Moran 散点图

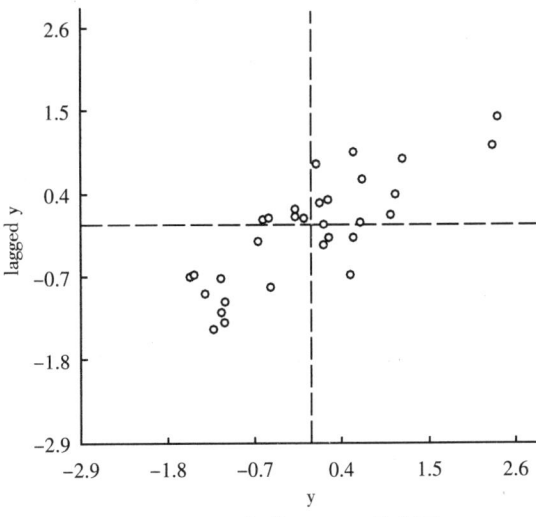

图 4-3　2009 年的 Moran 散点图

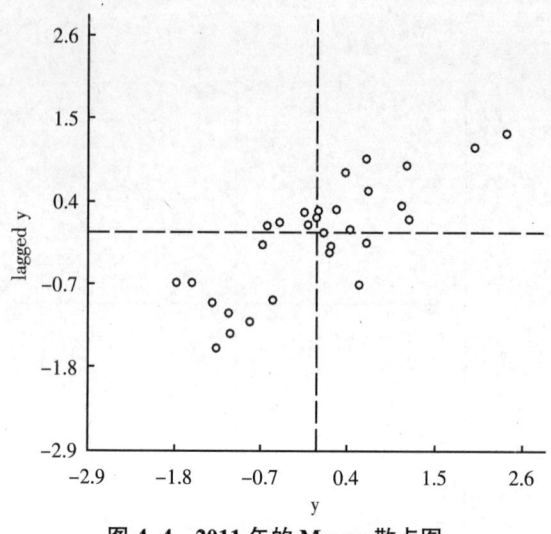

图 4-4　2011 年的 Moran 散点图

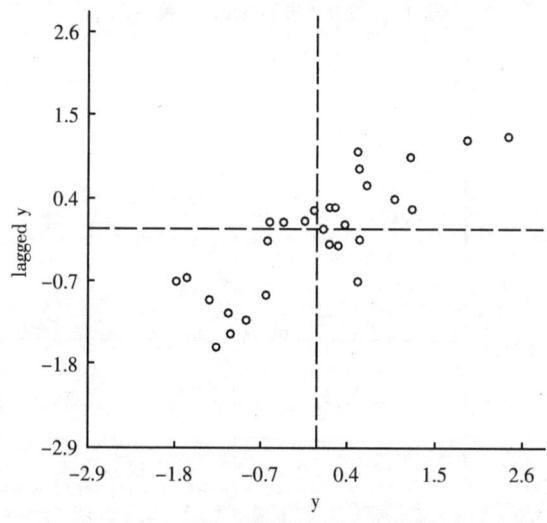

图 4-5　2012 年的 Moran 散点图

给显示了相似的空间关联；2009 年、2011 年和 2012 年处于第一、第三象限的省份分别为 21 个（70%），22 个（73.33%）和 21 个（70%），从四年的变化来看，尽管空间集聚状态有所下降，但是幅度不大，小城镇公共服务仍然表现出显著的空间相关性。

表 4-9　2007 年、2009 年、2011 年、2012 年小城镇公共服务供给 Moran 散点的变化

	2007 年	2009 年	2011 年	2012 年
HH	北京、天津、上海、广东、浙江、福建、江苏、山东、河北、河南、安徽	北京、天津、上海、广东、浙江、福建、江苏、山东、河北、河南、安徽、海南	北京、天津、上海、广东、浙江、福建、江苏、山东、河北、河南、安徽、湖北	北京、天津、上海、广东、浙江、福建、江苏、山东、河北、河南、安徽、海南
LH	江西、湖北、云南、贵州	江西、湖北、云南、贵州、湖南	江西、云南、贵州、湖南	江西、云南、贵州、湖南、湖北
LL	辽宁、吉林、黑龙江、陕西、甘肃、青海、宁夏、新疆、内蒙古、湖南、广西、海南	辽宁、吉林、黑龙江、陕西、甘肃、青海、宁夏、新疆、内蒙古	辽宁、吉林、黑龙江、陕西、甘肃、青海、宁夏、新疆、内蒙古	辽宁、吉林、黑龙江、陕西、甘肃、青海、宁夏、新疆、内蒙古
HL	山西、四川、重庆	山西、四川、重庆、广西	山西、四川、重庆、广西	山西、四川、重庆、广西

从表 4-9 中可以看出，2007 年、2009 年、2011 年和 2012 年四年间，一直都是高高类型（HH）的省份有北京、天津、上海、广东、浙江、福建、江苏、山东、河北、河南、安徽；一直都是低低类型（LL）的省份有辽宁、吉林、黑龙江、陕西、甘肃、青海、宁夏、新疆、内蒙古；一直都是低高或高低类型（LH 或 HL）的省份有江西、云南、贵州、山西、四川、重庆。综上所述，高水平集聚的省份大部分集中在东部地区和部分中部地区，这些地方经济水平比较发达，公共服务供给水平较高，而低水平的集聚主要集中在了我国的东北和西部地区，这些地方经济发展落后，公共服务供给水平较低。

第四节　本章小结

本章从我国小城镇公共服务供给出发，构建了包含 5 项一级指标和 11 项二级指标的综合指标体系来分析小城镇公共服务供给状况，运用聚类分析划分了不同类型的小城镇公共服务供给，并进一步测算了小城镇公共服务供给的总体空间关联状况与局部空间关联模式，得出的主要结论包括：

（1）通过主成分分析的测量结果可以发现，2007年、2009年、2011年和2012年四年间，15个省（直辖市、自治区）小城镇公共服务供给依托其政策、资源等优势，公共服务供给水平有所改善并呈现出上升态势；而另外15个省（直辖市、自治区）的小城镇公共服务供给有所下滑，呈现出下降态势，这一结果可能缘于这些省（直辖市、自治区）没有把握发展的机遇。总体而言，30个省（直辖市、自治区）小城镇公共服务水平差距悬殊，呈现出两极分化的发展趋势。

（2）通过对2012年我国小城镇公共服务供给数据聚类分析的结果可以发现，小城镇公共服务供给的较高水平区域主要集中在东部和部分中部地区，而小城镇公共服务供给的低水平区域则主要集中在东北和西部地区，这充分说明了小城镇公共服务供给水平与当地的经济发展水平息息相关。

（3）通过全局莫兰指数的测算发现，2007年、2009年、2011年和2012年四年间各省小城镇公共服务供给水平存在空间正相关关系，局域莫兰指数进一步揭示出，高水平集聚的省份大部分集中在东部地区和部分中部地区，而低水平的集聚主要集中在了我国的东北和西部地区，这也进一步印证了聚类分析的结果。

第五章 基于城镇化贡献率及居民需求的小城镇公共服务供给内容结构分析

小城镇公共服务供给内容结构是指小城镇公共服务的各项类别的搭配和排序。这种搭配和排序变化毫无疑问会对当地的经济社会发展产生一定的影响,进而助推或延缓新型城镇化进程。因此,研究小城镇公共服务供给内容结构问题不能囿于单一视角,必须从不同视角来探讨。本章试图从城镇化贡献率与居民需求两维视角对小城镇公共服务供给内容结构进行分析,从而提高公共服务供给的配置效率。

本章的基本思路是:首先,采用空间截面数据的空间计量模型,分析各项公共服务供给对城镇化的贡献情况,并依次对各项公共服务进行优先排序。其次,基于公共服务需求意愿调查问卷,采用基于熵权法的灰色关联分析方法,根据居民对公共服务的需求对公共服务进行优先排序。最后,四类不同的小城镇各自建立一个基于贡献率和居民需求双向结合的公共服务供给优先序。基于以上思路,本章的结构安排如下:第一节根据对城镇化水平贡献率的大小选择小城镇公共服务供给的优先序;第二节依据小城镇居民对公共服务需求意愿确立小城镇公共服务供给的优先序;第三节探讨基于城镇化贡献率和居民需求的双向结合的小城镇公共服务供给的优先序。

第一节 基于城镇化贡献率的小城镇公共服务供给优先序分析

本节将首先测度30个省域城镇化水平的空间关联效应；其次将空间关联效应以明确变量的方式包括在分析框架之内，分析基础设施、教育、医疗卫生、社会保障及文化娱乐五大类公共服务对城镇化水平的贡献情况，根据贡献率大小对五大类公共服务进行排序。

一、城镇化水平的空间关联效应分析

城镇化是一个内涵丰富的概念，陈春（2008）[①]总结了国内外关于城镇化内涵的解释，指出城镇化的内涵应该包括人口城镇化、经济城镇化、土地城镇化、社会城镇化四个方面，其中，人口城镇化是核心，其实质是人口经济活动向城镇地区的转移过程。陈锡文（2015）[②]指出，城镇化是现代化的必由之路，学习贯彻中共十八届五中全会精神，按照《中共中央关于制定国民经济和社会发展第十三个五年规划的建议》要求，从我国社会主义初级阶段的基本国情出发，遵循规律，因势利导，把握好方向，积极推进以人为核心的新型城镇化。推动以人为核心的新型城镇化，无疑是2015年10月26日在北京召开的中共十八届五中全会传递的中国城镇化的走向。参照国家统计局对城镇化水平的统计口径，我们选取人口城镇化率，即一个地区常住于建制镇镇区的人口占该地区建制镇总人口的比例来衡量城镇化发展水平。

区域间由于各类要素和资源的争夺，相互学习、效仿、竞争和博弈，这种策略互动行为使得区域间的经济活动存在空间关联性。第四章中测度小城

[①] 陈春. 健康城镇化发展研究 [J]. 国土与自然资源研究，2008 (4)：7-9.
[②] 陈锡文. 推进以人为核心的新型城镇化 [N]. 人民日报，2015-12-07.

镇公共服务的空间关联性时,为了研究不同的空间权重矩阵构建方式对空间相关性计算结果的影响,构建了两种不同的空间权重矩阵,即地理空间权重矩阵和经济空间权重矩阵。本章沿用这两种空间权重矩阵,根据第四章式(4-6),我们用全域莫兰指数来描述人口城镇化率的总体空间关联状况。另外,本节对人口城镇化率的空间相关分析是为探讨小城镇公共服务供给对人口城镇化水平的贡献作铺垫,因此,为了与其他变量分析的口径保持一致,我们选取除西藏及港澳台地区之外的 30 个省(自治区、直辖市)的人口城镇化率的数据进行空间相关性分析。30 个省(自治区、直辖市)的人口城镇化率的数据根据《中国建制镇统计年鉴》(2008 年、2010 年、2012 年)和《中国县域统计年鉴》(2013 年)计算获得。由于样本数据的限制,样本时间为 2007 年、2009 年、2011 年和 2012 年四年。利用 STATA 12.0 软件计算得到 30 个省(自治区、直辖市)在两种权重矩阵下人口城镇化率的全域莫兰指数,结果如表 5-1 所示。

表 5-1　不同空间权重矩阵下人口城镇化率的全域莫兰指数

各年全域莫兰指数及其相应 P 值	2007 年		2009 年		2011 年		2012 年	
	莫兰指数	P 值	莫兰指数	P 值	莫兰指数	P 值	莫兰指数	P 值
地理空间权重	0.276	0.005	0.335	0.001	0.134	0.124	0.327	0.001
经济空间权重	0.184	0.004	0.137	0.025	0.053	0.249	0.127	0.034

表 5-1 数据分析结果显示,根据地理空间权重矩阵计算得到我国 30 个省(自治区、直辖市)小城镇人口城镇化率 2007 年、2009 年、2011 年和 2012 年的全域莫兰指数分别为 0.276、0.335、0.134 和 0.327,根据经济空间权重矩阵计算得到的小城镇人口城镇化率 2007 年、2009 年、2011 年和 2012 年的全域莫兰指数分别为 0.184、0.137 和 0.053 和 0.127。无论用哪种权重矩阵测算,2007 年、2009 年和 2012 年的全域莫兰指数均通过了 1% 的显著性水平检验,这表明这三年小城镇人口城镇化率在空间分布上确实具有明显的空间正相关关系。而 2011 年用地理空间权重和经济空间权重测算的小城镇人口城镇化率的全域莫兰指数均没有通过 10% 的显著性水平检验,这充分说明 2011 年小城镇人口城镇化率在空间分布上的相关关系并不显著。

二、公共服务供给对城镇化影响的空间模型构建

以上分析只是证实了各省小城镇人口城镇化率存在显著的空间依赖性，各种影响因素对小城镇人口城镇化率的决定作用及其贡献大小需要进一步分析。本节选用空间滞后模型和空间误差模型[①]对小城镇人口城镇化率的空间效应进行实证检验，并与普通线性回归模型的结果进行对比分析。

（一）变量的选择与定义

影响人口城镇化率的因素众多，现有文献从人均 GDP、产业结构、就业结构、国家区域发展政策和自然资源环境等方面进行了相关探讨。根据变量数据的可获得性以及以往文献对人口城镇化率影响因素的分析，我们遴选了以下变量，所有变量的名称、符号与定义如表 5-2 所示[②]。

表 5-2　模型变量定义

变量类型	变量名称与符号	变量定义	单位
因变量	人口城镇化率（urb）	建制镇镇区总人口/建制镇总人口	%
自变量	基础设施（inf）	建制镇市政公用设施建设投入/建制镇总人口	元/人
	教育（edu）	建制镇拥有的中学校、小学数及幼儿园数总和/建制镇的行政区域面积	所/平方公里
	医疗卫生（med）	建制镇拥有的医院、卫生院数/建制镇的行政区域面积	所/平方公里
	社会保障（ins）	建制镇拥有的敬老院、福利院数/建制镇的行政区域面积	所/平方公里
	文化娱乐（ent）	建制镇拥有的图书馆及体育馆数/建制镇的行政区域面积	所/平方公里

[①] 笔者也尝试建立空间杜宾模型对小城镇人口城镇化率的空间效应进行实证检验，但是由于空间截面数据的样本有限，使得模型自由度损失很大，实证分析结果并不理想，因此书中并没有列出空间杜宾模型的相关分析。

[②] 人均 GDP、第三产业就业比率等都会对小城镇的人口城镇化率产生影响，现有的年鉴只提供了这些变量全国口径的数据，没有提供小城镇口径的数据，因而笔者在构建模型中没有纳入这些变量。

下面对各指标进行简要的说明:

1. 因变量

人口城镇化率,即以一个地区常住于建制镇镇区的人口占该地区建制镇总人口的比例衡量城镇化水平高低。

2. 自变量

基础设施,第四章的变量定义中我们选取了用水普及率、用气普及率、路网密度及排水管道暗渠密度四项二级指标反映小城镇基础设施供给状况。在此模型中,我们以涵盖这四项指标的建制镇市政公用设施建设投入来反映小城镇基础设施的供给状况。同时,为了消除人口数的影响,我们以人均市政公用设施建设投入来度量。

教育,第四章的变量定义中我们选取了幼儿园教育资源密度、小学教育资源密度及中学教育资源密度三项指标反映小城镇教育状况。在此模型中,我们将这三项指标综合考虑,即用建制镇拥有的幼儿园数、小学学校数及中学学校数之和与建制镇的行政区域面积相比,得到整体教育资源密度。

医疗卫生,沿用第四章的变量定义,即以医疗资源密度指标(建制镇拥有的医院、卫生院数量与建制镇的行政区域面积之比)反映小城镇医疗资源供给状况。第四章中用变量 x_8 来表示,此模型中我们用变量 med 表示。

社会保障,沿用第四章的变量定义,即以养老资源密度指标(建制镇拥有的敬老院、福利院数量与建制镇的行政区域面积之比)反映小城镇养老公共服务供给状况。第四章中用变量 x_9 来表示,此模型中我们用变量 ins 表示。

文化娱乐,第四章的变量定义中我们选取了图书馆、文化站分布密度和体育馆分布密度两项指标来反映小城镇文化娱乐公共服务供给状况。在此模型中,我们将这两项指标综合考虑,即用建制镇拥有的图书馆、文化站数量与体育馆数量之和与建制镇的行政区域面积相比,得到整体的文化娱乐资源分布密度。

(二) 数据来源

所有数据均来源于《中国建制镇统计年鉴》(2008 年、2010 年、2012 年)、《中国县域统计年鉴》(2013 年)和《中国城乡建设统计年鉴》(2007 年、2009 年、2011 年、2012 年),由于 2011 年各省人口城镇化率的空间相关性并不显著[①]，因此下文的空间计量分析只涉及 2007 年、2009 年和 2012 年的空间截面数据。

（三）空间权重矩阵的设定

沿用第四章式（4-7）表示的地理空间权重矩阵和式（4-8）表示的经济空间权重矩阵，以考察不同权重矩阵下小城镇各项公共服务供给对城镇化的影响。

（四）模型的构建

1. 基本模型

本书的基本线性模型形式设定如下：

$$urb_i = b_0 + b_1 inf_i + b_2 edu_i + b_3 med_i + b_4 ins_i + b_5 ent_i + \mu_i \qquad (5-1)$$

式（5-1）中，urb_i 为 i 区域小城镇人口城镇化率，inf_i 为 i 区域小城镇人均市政公用设施建设投入，edu_i 为 i 区域小城镇教育资源密度，med_i 为 i 区域小城镇医疗资源密度，ins_i 为 i 区域小城镇养老资源密度，ent_i 为 i 区域小城镇文化娱乐资源分布密度，各变量的具体定义已在表 5-2 中阐述。

2. 空间滞后模型

基本模型式（5-1）并未考虑各区域城镇化水平之间的空间联系。本区域的城镇化水平不仅会受到本区域各项因素的影响，有可能也会受到邻近区域城镇化水平的影响，这就是如式（5-2）所示的空间滞后模型。

$$urb_i = b_0 + \rho W urb_i + b_1 inf_i + b_2 edu_i + b_3 med_i + b_4 ins_i + b_5 ent_i + \mu_i \qquad (5-2)$$

式（5-2）中，W 为空间权重矩阵，$Wurb_i$ 为空间滞后变量，表示在不同空间权重矩阵下相邻的各区域城镇化水平的加权求和，参数 ρ 则度量了不同空间权重矩阵下各区域城镇化水平的空间外部溢出效应。式（5-2）表明在基础设施、医疗卫生、教育、社会保障和文化娱乐资源给定的情况下，通过空间效应，某区域的城镇化水平会受到周围区域的城镇化水平的影响。

3. 空间误差模型

空间滞后模型只考虑了决定城镇化水平的基础设施、医疗卫生、教育、

[①] 由于 2011 年人口城镇化率的空间相关性并不显著，以人口城镇化率作为被解释变量，基础设施、教育、医疗卫生、社会保障、文化娱乐作为解释变量的空间计量模型的回归结果并不理想，因此本书中没有列出 2011 年的相关分析结果。

社会保障和文化娱乐五个重要变量及其相邻区域的城镇化水平的溢出效应，并未考虑未观察到的或遗漏的其他一些影响因素的作用，而这些被忽略的影响因素很有可能存在着空间相关性，并对各区域城镇化水平产生重要的影响。描述空间上相关的误差项发挥作用的空间误差模型如式（5-3）所示：

$$urb_i = b_0 + b_1 inf_i + b_2 edu_i + b_3 med_i + b_4 ins_i + b_5 ent_i + \mu_i$$
$$\mu_i = \lambda W \mu_i + \varepsilon_i \tag{5-3}$$

式（5-3）中，W 为空间权重矩阵；参数 λ 衡量了样本观测值的误差项对城镇化水平的空间误差溢出效应。式（5-3）显示，某区域受到的一个随机冲击不仅会影响到该区域的城镇化水平，而且会通过空间误差项影响其他区域的城镇化水平。

三、实证分析及结果

为了避免由于变量量纲的差异对模型估计造成的不良影响，因此在进行空间计量的实证分析时首先对所有变量进行标准化处理。下文的实证分析全部采用 STATA 12.0 软件完成。

（一）空间计量模型的选择与估计

进行空间计量分析的关键步骤是选择适宜的空间计量模型。究竟是运用空间滞后模型（SLM）还是空间误差模型（SEM），要根据拉格朗日乘子（Lagrange Multiplier）进行检验，结果如表 5-3 所示。

表 5-3 不同空间权重矩阵下空间依赖性检验

权重矩阵	检验	2007 年		2009 年		2012 年	
		统计量	p 值	统计量	p 值	统计量	p 值
地理空间权重矩阵	LM-Lag	0.017	0.897	0.144	0.704	1.551	0.213
	Robust LM-Lag	1.774	0.183	3.534	0.060	0.039	0.844
	LM-Error	0.762	0.383	2.505	0.113	2.605	0.107
	Robust LM-Error	2.519	0.112	5.894	0.015	1.093	0.296

续表

权重矩阵	检验	2007年		2009年		2012年	
		统计量	p值	统计量	p值	统计量	p值
经济空间权重矩阵	LM-Lag	2.318	0.128	1.867	0.172	1.333	0.248
	Robust LM-Lag	3.647	0.056	3.779	0.052	3.135	0.077
	LM-Error	0.522	0.470	0.433	0.511	0.148	0.701
	Robust LM-Error	1.851	0.174	2.345	0.126	1.950	0.163

通过观察表 5-3 可以得出：依据地理空间权重矩阵计算的空间滞后模型及空间误差模型的拉格朗日乘子及其稳健性（Robust LM）检验表明，2007年、2009年和2012年三年中，Lagrange Multiplier（滞后模型）的显著性水平为 89.7%、70.4%和 21.3%，而 Lagrange Multiplier（误差模型）的显著性水平为 38.3%、11.3%和 10.7%。Robust LM（滞后模型）的显著性水平为 18.3%、6.0%和 84.4%，而 Robust LM（误差模型）的显著性水平为 11.2%、1.5%和 29.6%，可见，拉格朗日乘子及其稳健性检验均表明 2007年、2009年和 2012年选择空间误差模型（SEM）更加合适。

依据经济空间权重矩阵计算的空间滞后模型及空间误差模型的拉格朗日乘子及其稳健性检验表明，2007年、2009年和2012年三年中，Lagrange Multiplier（滞后模型）的显著性水平为 12.8%、17.2%和 24.8%，而 Lagrange Multiplier（误差模型）的显著性水平为 47%、51.1%和 70.1%。Robust LM（滞后模型）的显著性水平为 5.6%、5.2%、和 7.7%，而 Robust LM（误差模型）的显著性水平为 17.4%、12.6%和 16.3%，可见，拉格朗日乘子及其稳健性检验均表明 2007年、2009年和 2012年选择空间滞后模型（SLM）更加合适。

（二）基于地理空间权重的空间模型回归结果分析

在地理空间权重下，分别对基本线性模型、空间滞后与空间误差三种模型设定进行回归与比较，具体结果如表 5-4 所示。根据表 5-3 给出的判别准则，在地理空间权重矩阵下，2007年、2009年和 2012年选择 SEM 更为可取，结合表 5-4 的模型回归结果，我们也可以看出，2007年、2009年和

2012 年 SEM 模型的自然对数似然值（分别为-25.162，-30.514 和-28.419)在三种模型中是最大的，这也表明 SEM 的结果最好。

表 5-4　基于地理空间权重的不同模型回归结果

	2007 年			2009 年			2012 年		
	OLS	SLM	SEM	OLS	SLM	SEM	OLS	SLM	SEM
常数项	-1.27e-08 (1.000)	0.005 (0.962)	0.368 (0.768)	-6.07e-09 (1.000)	0.090 (0.480)	0.155 (0.643)	1.70e-08 (1.000)	0.069 (0.569)	0.232 (0.238)
inf	0.180 (0.250)	0.169 (0.266)	0.305* (0.001)	-0.167 (0.993)	-0.148 (0.386)	0.402*** (0.066)	0.137 (0.375)	0.037 (0.778)	-0.089 (0.483)
edu	-0.883* (0.000)	-0.865* (0.000)	-1.007* (0.000)	-1.066* (0.003)	-0.835* (0.003)	-0.746** (0.019)	-1.201* (0.001)	-1.014* (0.000)	-1.057* (0.000)
med	0.056 (0.738)	0.059 (0.693)	-0.248 (0.130)	0.133 (0.497)	0.116 (0.464)	0.124 (0.366)	0.349 (0.345)	0.299 (0.323)	0.222 (0.399)
ins	-0.062* (0.716)	0.241 (0.204)	0.194 (0.112)	-0.039 (0.866)	0.114 (0.570)	0.220 (0.199)	0.017 (0.950)	0.019 (0.932)	-0.038 (0.846)
ent	1.647* (0.000)	1.613* (0.000)	2.044* (0.000)	1.257* (0.003)	0.893** (0.012)	0.875* (0.009)	1.257* (0.003)	0.891* (0.004)	1.170* (0.000)
ρ 或 λ	—	0.010 (0.867)	0.296* (0.000)	—	0.148* (0.002)	0.249* (0.001)	—	0.128** (0.031)	0.249* (0.003)
LogL	-29.011	-28.996	-25.162	-33.017	-30.613	-30.514	-31.655	-29.512	-28.419

注：括号里的数字为 p 值；*、**、*** 分别代表在 1%、5%、10%的水平上显著。

在表 5-4 的基础上，根据 SEM 模型中各变量 p 值的大小（p 值越大，越不显著）依次剔除不显著的变量，得到表 5-5 的结果。

表 5-5　基于地理空间权重的 SEM 模型最终回归结果

	2007 年	2009 年	2012 年
常数项	0.008 (0.917)	0.229 (0.316)	0.232 (0.238)
inf	0.315* (0.003)	0.406*** (0.074)	—
edu	-0.952* (0.000)	-0.696** (0.039)	-1.029* (0.000)

续表

	2007 年	2009 年	2012 年
med	—	—	—
ins	—	—	—
ent	1.867* (0.000)	1.030* (0.002)	1.261* (0.000)
λ	0.239* (0.004)	0.259* (0.003)	0.241* (0.001)

注：括号里的数字为 p 值；*、**、*** 分别代表在 1%、5%、10%的水平上显著。

从表 5-5 中可以看出，2007 年、2009 年和 2012 年三年中，小城镇教育资源密度（edu）对人口城镇化率表现出显著的负向影响。edu 这个变量是用建制镇拥有的幼儿园数、小学学校数及中学学校数之和与建制镇的行政区域面积相比计算得到的。2001 年国务院发布了《关于基础教育改革与发展的决定》，提出优化教育资源配置，撤点并校的政策。政策实施后，有限的教育资源被集中起来，学校的数量也随之减少。因此，edu 变量与人口城镇化率表现出负向关系。根据 SEM 模型的结果，edu 这个变量对人口城镇化率的直接影响系数分别为 0.952、0.696 和 1.029，间接影响系数分别为 0.228（0.239 × 0.952 = 0.228）、0.180（0.259 × 0.696 = 0.180）、0.248（0.241 × 1.029 = 0.248）。总体影响系数分别为 1.18（0.952 + 0.228 = 1.18）、0.876（0.696 + 0.180 = 0.876）、1.277（1.029 + 0.248 = 1.277）。

2007 年、2009 年和 2012 年三年中，小城镇文化娱乐资源分布密度（ent）对人口城镇化率表现出显著的正向影响，ent 这个变量是用建制镇拥有的图书馆、文化站数量与体育馆数量之和与建制镇的行政区域面积相比计算得到的。图书馆、文化站是小城镇文化建设的重要门户，有助于提高居民素质，促进居民知识结构的更新，进而促进经济的发展和人口的聚集。根据 SEM 模型的结果，ent 这个变量对人口城镇化率的直接影响系数分别为 1.867、1.030 和 1.261，间接影响系数分别为 0.446（0.239 × 1.867 = 0.446）、0.267（0.259 × 1.030 = 0.267）、0.304（0.241 × 1.261 = 0.304）。总体影响系数分别为 2.313（1.867 + 0.446 = 2.313）、1.297（1.030 + 0.267 = 1.297）、1.565（1.261 +

0.304 = 1.565)。

小城镇人均市政公用设施建设投入（inf）这个变量只在 2007 年和 2009 年表现出显著的正向影响。小城镇市政公用设施建设是影响小城镇区位以及产业布局的重要因素，将对推动城镇化产生积极的影响。根据 SEM 模型的结果，inf 这个变量对人口城镇化率的直接影响系数分别为 0.315、0.406，间接影响系数分别为 0.075（0.239 × 0.315 = 0.075）、0.105（0.259 × 0.406 = 0.105）。总体影响系数分别为 0.39（0.315 + 0.075 = 0.39）、0.511（0.406 + 0.105 = 0.511）。

根据上述显著变量影响系数的大小及不显著变量删除的次序得到 2007 年、2009 年和 2012 年三年各项公共服务的排序，同时根据三年的排序情况进行简单加权平均后得到综合排序，排序结果如表 5-6 所示。

表 5-6 基于地理空间权重的公共服务供给排序[①]

年份	基础设施	教育	医疗卫生	社会保障	文化娱乐
2007	3	2	5	4	1
2009	3	2	5	4	1
2012	4	2	3	5	1
综合排序	3	2	5	4	1

（三）基于经济空间权重的空间模型回归结果分析

在经济空间权重下，分别对基本线性模型、空间滞后模型与空间误差模型三种模型设定进行回归与比较，具体结果如表 5-7 所示。根据表 5-3 给出的判别准则，在经济空间权重矩阵下，2007 年、2009 年和 2012 年选择空间滞后模型（SLM）更为可取，结合表 5-7 的模型回归结果，我们不难发现 2007 年、2009 年和 2012 年 SLM 模型的自然对数似然值（分别为 -26.237，-31.127 和 -30.422）在三种模型中是最大的，这也表明 SLM 的结果最好。

---

① 医疗卫生和社会保障两项进行简单的加权平均后，计算结果是一样的，但是由于医疗卫生 2007 年和 2009 年的位序相对更低，所以医疗卫生排在第五位。

表 5-7 基于经济空间权重的不同模型回归结果

	2007 年			2009 年			2012 年		
	OLS	SLM	SEM	OLS	SLM	SEM	OLS	SLM	SEM
常数项	-1.27e-08 (1.000)	0.607 (0.569)	0.368 (0.768)	-6.07e-09 (1.000)	0.036 (0768)	0.155 (0.643)	1.70e-08 (1.000)	0.171 (0.888)	0.016 (0.935)
inf	0.180 (0.250)	0.664 (0.609)	0.135 (0.391)	-0.167 (0.993)	-0.124 (0.468)	-0.060 (0.760)	0.137 (0.375)	0.100 (0.445)	0.100 (0.463)
edu	-0.883* (0.000)	-0.867* (0.000)	-0.871* (0.000)	-1.066* (0.003)	-1.148* (0.000)	-1.071* (0.000)	-1.201* (0.001)	-1.205* (0.000)	-1.161* (0.000)
med	0.056 (0.738)	0.003 (0.981)	0.049 (0.698)	0.133 (0.497)	0.067 (0.680)	0.038 (0.815)	0.349 (0.345)	0.259 (0.408)	0.225 (0.452)
ins	-0.062* (0.716)	0.124 (0.517)	0.231 (0.439)	-0.039 (0.866)	0.086 (0.668)	0.107 (0.609)	0.017 (0.950)	0.092 (0.698)	0.151 (0.539)
ent	1.647* (0.000)	1.370* (0.000)	1.322* (0.000)	1.257* (0.003)	1.207* (0.000)	1.051* (0.002)	1.257* (0.003)	1.073* (0.000)	1.023* (0.001)
ρ 或 λ		0.525* (0.009)	0.551** (0.040)		0.429* (0.038)	0.524* (0.049)		0.329*** (0.100)	0.355 (0.294)
LogL	-29.011	-26.237	-27.691	-33.017	-31.127	-31.850	-31.655	-30.422	-31.232

注：括号里的数字为 p 值；*、**、*** 分别代表在 1%、5%、10%的水平上显著。

在表 5-7 的基础上，根据 SLM 模型中各变量 p 值的大小（p 值越大，越不显著）依次剔除不显著的变量，得到表 5-8 的结果。

表 5-8 基于经济空间权重的 SLM 模型最终回归结果

	2007 年	2009 年	2012 年
常数项	0.064 (0.054)	0.229 (0.316)	0.177 (0.238)
inf	—	—	—
edu	-0.879* (0.000)	-1.105** (0.039)	-1.189* (0.000)
med			
ins			
ent	1.367* (0.000)	1.222* (0.000)	1.033* (0.000)
ρ	0.557* (0.003)	0.391* (0.046)	0.340* (0.082)

注：括号里的数字为 p 值；*、**、*** 分别代表在 1%、5%、10%的水平上显著。

从表 5-8 中可以看出，edu 对小城镇人口城镇化率表现出显著的负向影响，直接影响系数分别为 0.879、1.105 和 1.189，间接影响系数分别为 0.489（0.557×0.879=0.489）、0.432（0.391×1.105=0.432）和 0.404（0.340×1.189=0.404）。总体影响系数分别为 1.368（0.879+0.489=1.368）、1.537（1.105+0.432=1.537）和 1.593（1.189+0.404=1.593）。ent 对小城镇人口城镇化率有显著的正向影响，直接影响系数分别为 1.367、1.222 和 1.033，间接影响系数分别为 0.761（0.557×1.367=0.761）、0.477（0.391×1.222=0.477）和 0.351（0.340×1.033=0.351）。总体影响系数分别为 2.128（1.367+0.761=2.128）、1.699（1.222+0.477=1.699）和 1.384（1.033+0.351=1.384）。

根据上述显著变量影响系数的大小及不显著变量删除的次序得到 2007 年、2009 年和 2012 年三年各项公共服务的排序，同时根据三年的排序情况进行简单加权平均后得到综合排序，排序结果如表 5-9 所示。

表 5-9 基于经济空间权重的公共服务供给排序

年份	基础设施	教育	医疗卫生	社会保障	文化娱乐
2007	4	2	5	3	1
2009	3	2	5	4	1
2012	4	1	3	5	2
综合排序	3	2	5	4	1

（四）两种不同权重下五项公共服务综合排序结果

综合上述两种权重矩阵下公共服务的排序结果，我们发现结果是一致的，因此在两种空间权重矩阵下，依据基础设施、教育、医疗卫生、社会保障及文化娱乐五大类公共服务对城镇化水平的贡献大小，我们得到的排序结果是：文化娱乐、教育、基础设施、社会保障和医疗卫生。

第二节 基于调查问卷的小城镇公共服务需求优先序分析

小城镇公共服务供给的最终目的是满足居民的共同需要,因此只有将小城镇公共服务供给与居民的需求很好地结合起来,充分重视居民的需求意愿,才能真正发挥小城镇公共服务改善人们生活、促进经济社会发展的作用。本节我们转换角度,根据地理联系率将全国八个省小城镇调研的数据样本分为四类地区,从居民需求方的视角,描述小城镇居民对各类公共服务的评价,并且考察不同地区小城镇居民对各类公共服务的需求优先序。

一、小城镇公共服务供给与经济匹配度测算

赵捷(2004)[①]、王贤文等(2007)[②]依据地理联系率计算了区域科技投入与经济发展的匹配情况,本书借鉴他们的方法,用地理联系率测度我国小城镇公共服务供给与经济发展匹配的情况。计算公式如下:

$$M_i = p_i/P - q_i/Q = P_i - Q_i \tag{5-4}$$

式(5-4)中,M_i 为某地区匹配指数,P_i 为第 i 个省(自治区、直辖市)2007年、2009年、2011年和2012年四年公共服务供给平均量占全国平均量的比重,公共服务供给平均量的数据来源于第四章中表4-7计算的我国30个省(自治区、直辖市)小城镇公共服务供给按照中位数原则调整的平均得分,Q_i 为第 i 个省(自治区、直辖市)2007年、2009年、2011年和2012年四年GDP平均量占全国平均量的比重。M_i 值越大,说明该省(自治区、直辖市)公共服务供给与经济发展在地理分布上的匹配程度越低;反之,说明匹配程

---

① 赵捷. 地区科技投入强度与经济发展对比分析[J]. 中国科技论坛, 2004(3): 49-53.
② 王贤文, 刘则渊, 姜照华. 中国区域科技发展的空间差异及其演变过程分析[J]. 中国科技论坛, 2007(10): 23-28.

第五章 基于城镇化贡献率及居民需求的小城镇公共服务供给内容结构分析

度越高。理想的情况是 M_i 值趋于 0，表明该省（自治区、直辖市）公共服务供给与经济发展水平的匹配程度最佳。

表5-10 小城镇公共服务供给与经济发展的匹配指数

地区	四年平均的人均GDP	P_i	Q_i	M_i	地区	四年平均的人均GDP	P_i	Q_i	M_i
贵州	11603.84	0.026	0.011	0.015	湖北	23755.36	0.032	0.035	-0.003
甘肃	14421.46	0.013	0.009	0.004	重庆	24901.90	0.041	0.018	0.023
云南	14585.10	0.024	0.017	0.007	河北	25682.78	0.037	0.047	-0.01
安徽	17646.11	0.039	0.027	0.012	黑龙江	25761.08	0.016	0.025	-0.009
广西	17845.60	0.035	0.022	0.013	吉林	28594.16	0.016	0.02	-0.004
江西	18732.88	0.031	0.021	0.01	福建	35734.97	0.037	0.034	0.003
四川	19077.52	0.042	0.04	0.002	辽宁	36711.39	0.025	0.041	-0.016
海南	20184.61	0.034	0.004	0.03	山东	37462.64	0.051	0.092	-0.041
青海	20284.62	0.007	0.003	0.004	内蒙古	40423.95	0.008	0.026	-0.018
宁夏	20618.86	0.018	0.003	0.015	广东	41486.77	0.04	0.109	-0.069
湖南	21144.20	0.031	0.035	-0.004	浙江	45996.03	0.043	0.063	-0.02
新疆	21738.90	0.013	0.012	0.001	江苏	46463.71	0.066	0.094	-0.028
河南	22069.26	0.052	0.053	-0.001	天津	65202.62	0.048	0.021	0.027
山西	22450.69	0.037	0.02	0.017	北京	67651.96	0.042	0.033	0.009
陕西	23126.71	0.023	0.022	0.001	上海	71703.78	0.072	0.041	0.031

表5-10是按四年平均的人均GDP大小排序的各省（自治区、直辖市）M_i 的结果。各省（自治区、直辖市）四年平均的人均GDP的中位数为23441.03元，以此数为基准，大于23441.03元为经济发达地区，小于23441.03元为经济不发达地区。结合四年平均的人均GDP和M_i值的大小，将表5-10中30个省（自治区、直辖市）分为四类：如果四年平均的人均GDP大于23441.03元，且M_i值大于0，则为小城镇公共服务供给与经济发展双强匹配型地区，包括重庆、福建、天津、北京、上海；如果四年平均的人均GDP小于23441.03元，且M_i值小于0，则为小城镇公共服务供给与经济发展双弱匹配型地区，包括湖南、河南；如果四年平均的人均GDP大于

23441.03元，且M_i值小于0，则为经济发展领先于小城镇公共服务供给型地区，包括广东、江苏、浙江、山东、湖北、黑龙江、河北、吉林、辽宁、内蒙古；如果四年平均的人均GDP小于23441.03元，且M_i值大于0，则为小城镇公共服务领先于经济发展型地区，包括贵州、甘肃、云南、安徽、广西、江西、四川、海南、青海、宁夏、新疆、山西、陕西。

二、问卷设计与调研概况

为了考察小城镇居民对公共服务的需求，我们采用问卷调查的方法进行实地调研。首先设计调研问卷，明确调研指标，细化调研内容。为了提高问卷的针对性，事先进行小范围预调查，进一步结合采用专家咨询等方法，调整问卷的问题和指标。其次选定调查省份，组织调查员培训，开展调研，最后回收问卷。

（一）问卷设计

问卷设计是问卷调查中非常重要的一个环节，甚至决定着问卷调查的成败，在问卷设计前，课题组成员阅读了大量关于小城镇公共服务供给的理论文献，初步形成了小城镇公共服务需求调查问卷。根据调查目的和内容，充分考虑受调查人群的文化水平，调查问卷全部采用客观题目的形式提问，而且前后题目之间是循序渐进的。

调查问卷的名称为"小城镇公共服务需求状况调查表"，基本内容包括：①居民个人特征，如性别、年龄、文化程度、月收入；②居民对小城镇道路、水、电、信息服务业等基础设施、教育、医疗、社会保障、文化娱乐的需求意愿及评价；③居民对小城镇公共服务供给的总评价及对基础设施、教育、医疗、社会保障、文化娱乐各项公共服务的需求排序。

问卷初步设计完成以后，为更好地把握实际情况，提高研究的可靠性与科学性，得到相对更好的研究成果，笔者于2013年11月在江西省新干县金川镇、七琴镇进行了小样本预调查，共发放问卷50份。回收问卷后，针对调查中存在的问题，对问卷进行进一步修订和完善，主要包括问卷题目的针对性、所提问题的可理解性以及回答问题的有效性等。最后，笔者与从事基层工作的干部及相关领域的专家进行探讨交流，征求他们的意见，在此基础上形成了正式的调查问卷。

（二）样本的选择

我们在前文用地理联系率测算划分的四类地区中，结合调研员的地域分布情况，在小城镇公共服务供给与经济发展双强匹配型地区选择了福建省，在小城镇公共服务供给与经济发展双弱匹配型地区选择了湖南省、河南省，在经济发展领先于小城镇公共服务供给型地区选择了广东省、浙江省，在小城镇公共服务供给领先于经济发展型地区选择了贵州省、云南省、江西省。

（三）调研步骤

本次问卷调查历时较长，分别在2014年1~3月、2015年1~3月和2015年6~9月三个时间段完成。课题组成员首先积极与各位在高等院校工作的同学取得联系，请他们遴选本校家庭住址是本省小城镇的同学作为调研员，本着自愿原则参与调查。第一个时间段：2014年1月，课题组成员分别前往江西师范大学、云南农业大学、佛山职业技术师范学院对所有参与调研的学生开展培训，要求每位同学利用2014年寒假期间填写5份问卷调查。第二个时间段：2015年1月，课题组成员分别前往浙江工商大学、贵州师范学院、泉州师范学院、湖南农业大学、河南大学对所有参与调研的学生开展培训，要求每位同学利用2015年寒假期间填写5份问卷调查。第三个时间段：根据前两个时间段回收的问卷情况，对回收问卷较少的福建省、广东省、河南省进行补充调查。为了提高调研员和受访者的积极性，保证调查问卷的质量，课题组对所有参与调查的学生给予相应的经济报酬，并请他们对每位认真填写调查问卷的受访者发放一把牙刷作为纪念品。另外，课题组成员也利用去各地培训调研员的机会，在当地随机选取一个小城镇调研。

（四）样本基本情况

本次调查共发放调查问卷2000份，回收1899份，剔除漏答关键信息及出现错误信息的问卷，回收有效问卷1810份，回收有效问卷比例为90.4%。其中福建省发放400份，回收386份，有效问卷372份。湖南省发放240份，回收225份，有效问卷220份。河南省发放问卷250份，回收230份，有效问卷217份。广东省发放问卷260份，回收251份，有效问卷238份。浙江省发放问卷 250 份，回收 235 份，有效问卷 226 份。贵州省发放问卷 200 份，回收 189 份，有效问卷 172 份。云南省发放问卷 200 份，回收 194 份，有效问卷 187 份。江西省发放问卷 200 份，回收 189 份，有效问卷 178 份。

三、调研样本的描述性统计分析

我们先对调研的资料进行整理和描述性统计分析，为下文进一步的实证分析奠定基础。

（一）小城镇居民的人口特征

本次调查问卷的样本量为 1810 份，被调查的样本结构如下：①性别：女性居多，924 人（占 51.05%），男性 886 人（占 48.95%）；②年龄分布：30 岁以下 445 人（占 24.59%），30~50 岁 872 人（占 48.18%），50 岁以上 493 人（占 27.23%）；③文化程度：小学及以下 476 人（占 26.3%），初中 545 人（占 30.11%），高中或中专 501 人（占 27.68%），大专及以上 288 人（占 15.91%），从受访居民的文化程度看，73.7%的受访居民具有初中及以上文化程度，对调查所涉及的问题能够有较好的理解；④月收入：月收入 2000 元以下的 248 人（占 13.7%），月收入 2000~4000 元的 1208 人（占 66.74%），月收入 4000~6000 元的 312 人（占 17.24%），月收入 6000 元以上的 42 人（占 2.32%）。表明调查对象的收入普遍不高，符合小城镇的实际情况。

（二）小城镇居民对各项公共服务供给的评价

1. 小城镇基础设施

小城镇基础设施总的来说属于准公共服务。本次调查问卷主要围绕小城镇道路、小城镇公共交通、小城镇供水和供电、小城镇信息服务业和小城镇环境卫生五个方面的基础设施进行了调查。

（1）小城镇道路。要研究小城镇道路的供给方向和重点，就要了解居民对道路设施的需求意愿，因此，问卷设计了"您认为最需要改善的道路设施是"这一问项，要求每位受访者从备选答案中选择一项，统计显示，有 681 人选择了"村组到镇上的道路"，占 37.62%，430 人选择了"镇上的道路"，占 23.76%，372 选择了"镇区到县城的道路"，占 20.55%，327 人选择了"镇与镇之间的道路",占比 18.07%。这说明,在以小城镇为载体的农村城镇化进程中,由于国家大力加强农村公路建设,农村道路建设取得了一定成绩,许多地区的公路建设实现了连县通镇达村,然而畅通农村"最后一公里"的村组公路建设却成为制约农村城镇化发展的瓶颈,需要进一步改造和完善。

（2）小城镇公共交通。为了调查小城镇居民对镇上的公共交通的评价,问卷中设置了"您认为镇上的公共交通存在的主要问题有哪些"这一问项,要求每位受访者从六个备选答案进行选择,最多只能选择三项。各选项被选择的频数如表 5-11 所示,对于公共交通的评价,在 3510 次有效的应答选项中,排在前三位的分别是"不准时发车"（28.52%）、"车辆班次少"（20.68%）、"路线不合理"（17.81%）。如果以每个选项的选择次数除以总受访人数,则填写"不准时发车"的受访者比例高达 55.30%。可见,小城镇的公共交通还需要进一步完善。

表 5-11 小城镇公共交通情况

问题	选项	频数（人）	比例 1（%）	比例 2（%）
您认为镇上的公共交通存在的主要问题有哪些	车辆班次少	726	20.68	40.11
	不准时发车	1001	28.52	55.30
	路线不合理	625	17.81	34.53
	乘务人员服务质量差	530	15.10	29.28
	安全事故多	406	11.57	22.43
	其他	222	6.32	12.27
	总计	3510	100	193.92

注：比例 1 表示每个选项的选择次数占总选择次数的百分比,比例 2 表示每个选项的选择次数占总受访人数的百分比。

（3）小城镇供水和供电。在调研小城镇的供水和供电状况时,问卷中分别设置了一个单项选择题,在镇上饮用水存在的主要问题的回答中,选择"水质不好"的居民有 692 人,所占比例为 38.23%,而选择"水费太高"、"经常断水"、"维修不及时"的居民所占比例分别为 17.36%、14.08% 和 12.13%,还有 18.2% 的小城镇居民选择"没问题"。可见,被调查小城镇地区的水质状况仍然有待提高。

在对镇上的居民用电存在的主要问题的回答中，尽管有19.56%和19.73%的小城镇居民反映电压不稳和电费太高、16.73%和14.86%的小城镇居民反映经常断电和维修不及时，但是仍然有527人选择了"没问题"，占29.12%，远高于其他选项的比重。可见，被调查小城镇地区的电力供应状况基本良好。

（4）小城镇信息服务业。为了调查小城镇居民对信息服务的评价，问卷中设置了"您希望信息服务（手机、网络）向哪方面改进"这一问项，要求每位受访者从五个备选答案进行选择，最多只能选择两项。各选项被选择的频数如表5-12所示，比例1和比例2都反映出排在第一位和第二位的需求分别是"增加公共区域无线局域网覆盖"、"提高宽带速度"。这表明随着信息技术的发展，互联网已渗透到社会生活的各个方面，小城镇居民的信息服务需求增加了，但是相比城市完善的电信基础设施来说，小城镇的信息网络建设仍有待提高。

表5-12 小城镇信息服务业情况

问题	选项	频数（人）	比例1（%）	比例2（%）
您希望信息服务（手机、网络）向哪方面改进	增加服务网点	381	12.29	21.05
	降低服务价格	672	21.68	37.13
	提高手机信号质量	464	14.97	25.64
	增加公共区域无线局域网覆盖	821	26.49	45.36
	提高宽带速度	761	24.57	42.04
	总计	3099	100	171.22

注：比例1表示每个选项的选择次数占总选择次数的百分比，比例2表示每个选项的选择次数占总受访人数的百分比。

（5）小城镇环境卫生。在调研小城镇的环境卫生状况时，问卷中设置了"镇上有没有专门的生活垃圾回收点"这一问项，要求每位受访者从备选答案中选择一项。统计显示，有1523人选择了"有"，占84.14%，287人选择了"没有"，占15.86%，这说明大多数小城镇都设有专门的垃圾回收点。

2. 小城镇医疗卫生

为了研究小城镇居民对本镇医疗卫生服务的评价，问卷中设置了"您认为镇上的医疗卫生服务存在哪些问题"这一问项，要求每位受访者从六个备选答案进行选择，最多只能选择三项。对于医疗卫生服务的评价，从表5-13可以看到排在前三位的分别是"医疗水平低"、"医疗条件差"、"服务态度不好"。可见，小城镇医疗卫生服务无论是硬件设施还是软件设施都不能满足当地居民的需求。

表5-13 小城镇医疗卫生服务评价

问题	选项	频数（人）	比例1（%）	比例2（%）
您认为镇上的医疗卫生服务存在哪些问题	医疗条件差	753	18.78	41.6
	医疗水平低	971	24.22	53.65
	服务态度不好	681	16.99	37.62
	药品太贵	665	16.59	36.74
	检查太多	631	15.74	34.86
	乱收费	308	7.68	17.02
	总计	4009	100	221.49

注：比例1表示每个选项的选择次数占总选择次数的百分比，比例2表示每个选项的选择次数占总受访人数的百分比。

进一步研究小城镇居民对医疗服务的需求，因此问卷设计了"您最希望镇上增设的医疗机构是"这一单项选择题目。调查显示，小城镇居民对不同医疗服务的需求依次是社区卫生站（29.34%）、私人诊所（26.41%）、镇医院（18.84%）和连锁药店（16.35%），还有9.06%的小城镇居民选择了"其他"这一选项，并在"其他"这一栏补充填写需要增设设备好的大医院，这在一定程度上说明了随着经济社会的不断发展，小城镇居民对医疗服务的质量要求日益提高。

3. 小城镇教育

在调研小城镇的教育状况时，问卷中设置了"您认为镇上的学校（主要指幼儿园、小学、中学）还有哪些方面需要改进"这一问项，要求每位受访者从五个备选答案进行选择,最多只能选择三项。对于小城镇教育服务的评价,从表5-14可以看到排在前三位的分别是"教师水平"、"教学设备"、"教学态度"。特别是有高达58.73%的受访者选择了需要改进"教师水平"。可见,贯彻教育教学新理念,提升小城镇教育的师资队伍的教学水平是当务之急。

表 5-14 小城镇教育服务评价

问题	选项	频数（人）	比例1（%）	比例2（%）
您认为镇上的学校（主要指幼儿园、小学、中学）还有哪些方面需要改进	教师水平	1063	26.15	58.73
	教学设备	875	21.53	48.34
	教学态度	781	19.21	43.15
	住宿条件	671	16.51	37.07
	伙食条件	675	16.6	37.29
	总计	4065	100	224.58

注：比例1表示每个选项的选择次数占总选择次数的百分比,比例2表示每个选项的选择次数占总受访人数的百分比。

进一步研究小城镇居民对教育设施的需求,因此问卷设计了"您最希望镇上增加哪类教育设施"这一单项选择题目。调查显示,小城镇居民对不同教育设施的需求依次是高中（27.02%）、专业培训机构等（26.24%）、幼儿园（17.35%）、小学（15.36%）和初中（14.03%）。课题组在访谈中也了解到除了城关镇以外,大多数小城镇都没有高中,孩子上高中需要到县城或更远的地方就读,很多家长为此在外陪读,因此小城镇居民对高中这类教学设施的需求迫切度较高。

4. 小城镇社会保障

社会保障是一个内涵丰富的概念,本次调查问卷中关于小城镇社会保障设置了两个单项选择题。在回答"您了解政府开展的养老保险政策吗"时,107人和267人分别选择了"非常了解"和"比较了解",所占比例分别为5.92%和14.76%,共计20.68%,选择"了解较少"和"不了解"的居民分别有807人和629人,所占比例分别为44.59%和34.73%,共计79.32%。可见,多数小城镇居民对养老保险政策不太了解。

在回答"现在政府正在启动养老金并轨改革,对此您的看法是"时,647人选择了"很好,是为人民的利益着想,有利于人民过上幸福生活",占35.75%;456人选择了"出台政策过多,不明白国家的态度",占25.19%;303人选择了"没什么用处,形式主义严重",占16.74%;404人选择了"没了解过这些政策,没什么看法",占22.32%。可见,即便大多数居民对养老保险政策不太了解,但是仍然有35.75%的受访居民相信政府是人民利益的捍卫者。

5. 小城镇文化娱乐

为了了解小城镇居民平时主要的娱乐活动,问卷中设置了"您平时最主要的娱乐活动是"这一问项,要求每位受访者从七个备选答案中进行选择,最多只能选择三项。从表5-15可以看出,排在前三位的娱乐活动分别是"看电视或上网"、"运动"、"打牌或打麻将"。选择"学习或看书"的居民只占受访居民的17.07%。可见,小城镇居民休闲方式在多元发展的同时,仍以看电视、上网、打牌等传统休闲方式为主,当然,广场舞等运动也成为了小城镇居民休闲娱乐的潮流。与此同时,文化休闲方式相对薄弱。

表5-15 小城镇居民主要的娱乐活动

问题	选项	频数(人)	比例1(%)	比例2(%)
您平时最主要的娱乐活动	看电视或上网	972	23.07	53.71
	运动	871	20.67	48.12
	聚会或聊天	753	17.87	41.6
	打牌或打麻将	798	18.94	44.09
	学习或看书	309	7.33	17.07
	看电影或唱歌	258	6.14	14.25
	其他	252	5.98	13.92
	总计	4213	100	232.76

注:比例1表示每个选项的选择次数占总选择次数的百分比,比例2表示每个选项的选择次数占总受访人数的百分比。

进一步考察小城镇居民的休闲娱乐需求,因此问卷设计了"您希望镇区配备的休闲娱乐设施有哪些"这一问项,要求每位受访者从六个备选答案中进行选择,最多只能选择三项。从表5-16可以看出,排在前三位的分别是

"休闲广场"、"文化活动中心"、"公园"。这也显示出小城镇休闲娱乐设施未来改进的方向。

表 5-16　小城镇休闲娱乐需求

问题	选项	频数（人）	比例 1（%）	比例 2（%）
您希望镇区配备的休闲娱乐设施有哪些	体育场	336	10.22	18.56
	休闲广场	989	30.07	54.64
	影剧院	371	11.28	20.5
	图书馆	452	13.74	24.97
	文化活动中心	624	18.97	34.48
	公园	517	15.72	28.56
	总计	3289	100	181.71

注：比例 1 表示每个选项的选择次数占总选择次数的百分比，比例 2 表示每个选项的选择次数占总受访人数的百分比。

6. 小城镇公共服务总体满意度

调查问卷通过"总体而言，您对本镇供给的公共服务感觉如何"来获得小城镇居民满意度情况。问题的答案有五类，"非常满意"、"比较满意"、"一般"、"不太满意"和"很不满意"。根据研究需要，将调查问卷"非常满意"、"比较满意"合并成一类，代表"满意"，将"不太满意"和"很不满意"合并成一类，代表"不满意"。从图 5-1 可以看出，各地区居民对小城镇公共服务总体评价中"满意"的比例都偏低，即使是满意度最高的双弱型地区也只达到了 14.14%；对小城镇公共服务总体评价"一般"的占多数，双弱型地区评价"一般"的比例在四类地区中最高，占比为 60.21%，其他三类地区评价为"一般"的占比分别为 53.65%、40.52% 和 30.43%。小城镇公共服务总体评价"不满意"的地区中占比最高的为双强型地区，比例为 58.70%，双弱型地区"不满意"的比重在四类地区中最低，为 25.65%。这些比例反映出经济相对发达的双强型地区、经济发展领先公共服务型的地区对公共服务供给的评价更不满意，而经济发展相对落后的双弱型地区对公共服务供给的评价却更好。课题组在调研访谈时也了解到这一有趣的现象，相比经济落后地区，经济发达地区的居民对公共服务的期望值更高，因此总是感觉公共服务的供给与实际需求相去甚远，因而满意度下降。

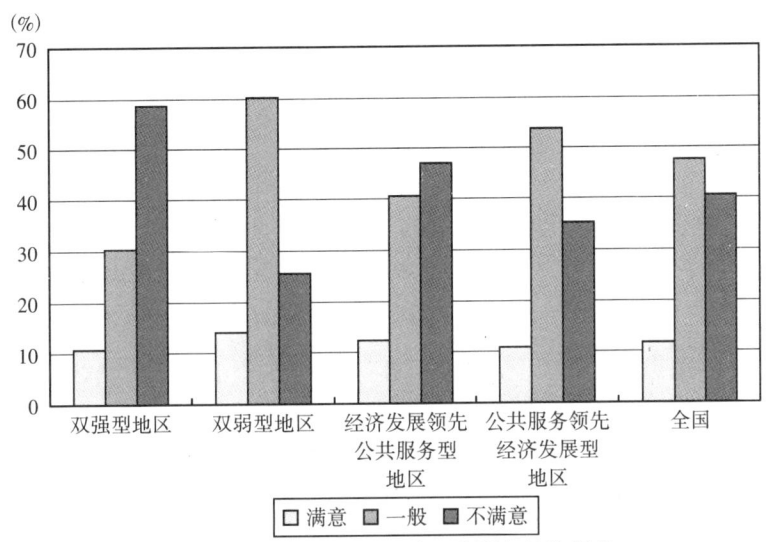

图 5-1 不同区域的小城镇公共服务总体评价

四、四类不同地区小城镇居民对公共服务的需求优先序分析

为了调查小城镇居民对各类公共服务的需求迫切度，本次问卷调查设计了一道问题，要求受访居民对小城镇基础设施、教育、医疗卫生、社会保障及文化娱乐五大类公共服务的需求进行排序，排序越靠前，说明此项公共服务在居民心中越重要，需求迫切程度越高。高萍、冯丹丹（2012）[1]基于熵权法的灰色关联分析方法对湖北省农民的公共服务需求进行了优先排序。本书借鉴他们的研究，利用熵权法确定各评价指标的权重，根据各个评价指标对五类小城镇公共服务的关联系数，计算五类小城镇公共服务的加权关联度，

---

[1] 高萍，冯丹丹. 农村公共产品农民需求优先序的灰色关联分析——基于湖北农村问卷调查的研究 [J]. 财政研究，2012（3）：29-33.

考察四类不同地区小城镇居民对公共服务需求的优先次序。

本书采用基于熵权法的灰色关联分析方法的评价过程。

基于四类地区八个省，即小城镇公共服务供给与经济发展双强匹配型地区（福建省），小城镇公共服务供给与经济发展双弱匹配型地区（河南省、湖南省），经济发展领先于小城镇公共服务供给型地区（浙江省、广东省），小城镇公共服务供给领先于经济发展型地区（江西省、云南省、贵州省）的居民问卷调查数据，梳理灰色熵权法的具体步骤如下：

（一）确定评价指标矩阵及数据标准化

本次调查总共得到了小城镇公共服务供给与经济发展双强匹配型地区（福建省）42个小城镇居民填写的372份有效问卷，小城镇公共服务供给与经济发展双弱匹配型地区（河南省、湖南省）55个小城镇居民填写的437份有效问卷，经济发展领先于小城镇公共服务供给型地区（浙江省、广东省）60个小城镇居民填写的464份有效问卷，小城镇公共服务供给领先于经济发展型地区（江西省、云南省、贵州省）72个小城镇居民填写的537份有效问卷。

我们首先对小城镇公共服务的需求排序赋值，排序第一位记为5分，排序第二位记为4分，排序第三位记为3分，排序第四位记为2分，排序第五位记为1分，根据某项公共服务的需求迫切度=该镇居民对某项公共服务的需求总得分/该镇居民受访人数，得到四类不同类型地区的小城镇居民对五类公共服务的需求迫切度。以四类不同类型地区的小城镇居民对五类公共服务的需求迫切度为评价指标，分别得到小城镇公共服务供给与经济发展双强匹配型地区（福建省）原始评价值数据矩阵 $R=((r_{ij})_{5\times42})^T$；小城镇公共服务供给与经济发展双弱匹配型地区（河南省、湖南省）原始评价值数据矩阵 $R=((r_{ij})_{5\times55})^T$；经济发展领先于小城镇公共服务供给型地区（浙江省、广东省）原始评价值数据矩阵 $R=((r_{ij})_{5\times60})^T$；小城镇公共服务供给领先于经济发展型地区（江西省、云南省、贵州省）原始评价值数据矩阵 $R=((r_{ij})_{5\times72})^T$，$r_{ij}$表示第j项指标对第i类公共服务的需求迫切程度。

其次，对原始评价值数据矩阵 R 进行标准化处理。由于原始评价值数据全部为正指标，即指标数据越大越好，其标准化公式为：

第五章 基于城镇化贡献率及居民需求的小城镇公共服务供给内容结构分析

$$s_{ij} = \frac{r_{ij} - \min r_{ij}}{\max r_{ij} - \min r_{ij}} \tag{5-5}$$

式（5-5）中，$\max r_{ij}$ 表示原始评价值数据矩阵中的最大值，$\min r_{ij}$ 表示原始评价值数据矩阵中的最小值，标准化后的数据可以分别表示为 $S=((s_{ij})_{5\times42})^T$、$S=((s_{ij})_{5\times55})^T$、$S=((s_{ij})_{5\times60})^T$、$S=((s_{ij})_{5\times72})^T$。

（二）计算第 j 项指标的熵值

$$e_j = -\frac{1}{\ln 5} \sum_{i=1}^{5} s_{ij} \ln s_{ij} \tag{5-6}$$

式（5-6）中，e_j 表示第 j 项指标的熵值，为了使 $\ln s_{ij}$ 有意义，一般需要假定当 $s_{ij} = 0$ 时，$s_{ij} \ln s_{ij} = 0$。

（三）计算第 j 项指标的权重

$$w_j = \frac{1 - e_j}{\sum_{j=1}^{n}(1 - e_j)} \tag{5-7}$$

式（5-7）中，w_j 表示第 j 项指标的权重，n 分别取值为 42、55、60、72，分别表示四类不同地区的计算公式。

根据式（5-5）、式（5-6）及式（5-7）逐步计算，分别得到四类地区评价指标的权重：

其中小城镇公共服务供给与经济发展双强匹配型地区（福建省）的评价指标的权重为（0.0266, 0.0206, 0.0209, 0.0359, 0.0046, 0.0185, 0.0617, 0.0565, 0.0175, 0.0259, 0.0305, 0.0220, 0.0771, 0.0092, 0.0085, 0.0145, 0.0148, 0.0121, 0.0235, 0.0369, 0.0319, 0.0354, 0.0320, 0.0225, 0.0052, 0.0278, 0.0249, 0.0107, 0.0201, 0.0183, 0.0212, 0.0224, 0.0365, 0.0233, 0.0135, 0.0247, 0.0262, 0.0250, 0.0007, 0.0128, 0.0198, 0.0071）。

小城镇公共服务供给与经济发展双弱匹配型地区（河南省、湖南省）的评价指标的权重为（0.0210, 0.0217, 0.0074, 0.0027, 0.0064, 0.0031, 0.0129, 0.0259, 0.0575, 0.0022, 0.0739, 0.0242, 0.0333, 0.0689, 0.0097, 0.0243, 0.0010, 0.0259, 0.0212, 0.0001, 0.0221, 0.0376, 0.0187, 0.0512, 0.0051, 0.0113, 0.0070, 0.0280, 0.0201, 0.0218, 0.0681, 0.0049, 0.0221,

0.0335, 0.0660, 0.0548, 0.0763, 0.0082, 0.0363, 0.0015, 0.0234, 0.0020, 0.0058, 0.0284, 0.0119, 0.0158, 0.0630, 0.0289, 0.0210, 0.0272, 0.0044, 0.0021, 0.0051, 0.0215, 0.0163)。

经济发展领先于小城镇公共服务供给型地区（浙江省、广东省）的评价指标的权重为（0.0211, 0.0259, 0.0261, 0.0426, 0.0168, 0.0052, 0.0116, 0.0197, 0.0473, 0.0284, 0.0495, 0.0432, 0.0525, 0.0272, 0.0259, 0.0180, 0.0318, 0.0037, 0.0237, 0.0300, 0.0238, 0.0611, 0.0299, 0.0285, 0.0350, 0.0605, 0.0412, 0.0335, 0.0145, 0.0433, 0.0195, 0.0027, 0.0101, 0.0235, 0.0003, 0.0085, 0.0109, 0.0029, 0.0024, 0.0095, 0.0038, 0.0139, 0.0165, 0.0397, 0.0032, 0.0291, 0.0064, 0.0200, 0.0272, 0.0442, 0.0279, 0.0225, 0.0418, 0.0230, 0.0127, 0.0164, 0.0115, 0.0639, 0.0286, 0.0509）。

小城镇公共服务供给领先于经济发展型地区（江西省、云南省、贵州省）的评价指标的权重为（0.0188, 0.0245, 0.0280, 0.0044, 0.0324, 0.0737, 0.0245, 0.1118, 0.0245, 0.0281, 0.0294, 0.0240, 0.0021, 0.0275, 0.0033, 0.0275, 0.0310, 0.0308, 0.0188, 0.0245, 0.0280, 0.0491, 0.0021, 0.0361, 0.0243, 0.0021, 0.0035, 0.0031, 0.0075, 0.0080, 0.0110, 0.0352, 0.0182, 0.0178, 0.0161, 0.0413, 0.0483, 0.0275, 0.0131, 0.0215, 0.0069, 0.0079, 0.0108, 0.0164, 0.0018, 0.0445, 0.0032, 0.0201, 0.0246, 0.0185, 0.0229, 0.0338, 0.0096, 0.0003, 0.0237, 0.0190, 0.0002, 0.0130, 0.0553, 0.0159, 0.0043, 0.0931, 0.0694, 0.0128, 0.0108, 0.0139, 0.0151, 0.0022, 0.0174, 0.0105, 0.0008, 0.0094）。

（四）计算灰色关联系数

首先构造最优比较序列，由于原始数据为正指标且都进行了标准化处理，因此 h_j 的选取原则为选取所有被评价对象中的最大值，即矩阵 $S = ((s_{ij})_{5\times 42})^T$、$S = ((s_{ij})_{5\times 55})^T$、$S = ((s_{ij})_{5\times 60})^T$、$S = ((s_{ij})_{5\times 72})^T$ 中的最大值，由此得到最优比较序列为 $H = ((1, 1, \cdots, 1)_{1\times 42})^T$、$H = ((1, 1, \cdots, 1)_{1\times 55})^T$、$H = ((1, 1, \cdots, 1)_{1\times 60})^T$、$H = ((1, 1, \cdots, 1)_{1\times 72})^T$。

计算第 j 项指标与最优比较序列 H 的灰色关联系数如式 5-8 所示：

第五章 基于城镇化贡献率及居民需求的小城镇公共服务供给内容结构分析

$$\delta_{ij}(s_{ij}, h_j) = \frac{\min_i \min_j |h_j - s_{ij}| + \rho \max_i \max_j |h_j - s_{ij}|}{|h_j - s_{ij}| + \rho \max_i \max_j |h_j - s_{ij}|} \tag{5-8}$$

式（5-8）中，$\min_i \min_j |h_j - s_{ij}|$ 为两级最小差，$\max_i \max_j |h_j - s_{ij}|$ 为两级最大差，ρ 为分辨系数，一般介于 [0, 1]，通常情况下取 $\rho = 0.5$。本书中取值 0.5。

利用式（5-8），得到小城镇公共服务供给与经济发展双强匹配型地区（福建省）的灰色关联系数 $\delta = ((\delta_{ij})_{5 \times 42})^T$，如表 5-17 所示。

表 5-17 小城镇公共服务供给与经济发展双强匹配型地区（福建省）关联系数表

地区	教育	医疗卫生	文化娱乐	社会保障	基础设施
福建省顺昌县大干镇	0.012617	0.016533	0.016533	0.014529	0.009401
福建省惠安县东桥镇	0.008661	0.014961	0.014310	0.008896	0.008228
福建省闽清县池园镇	0.009384	0.013956	0.010673	0.013276	0.007666
福建省永泰县樟城镇	0.014952	0.035885	0.017088	0.019936	0.013291
福建省大田县太华镇	0.002601	0.002956	0.002408	0.002167	0.001806
福建省大田县广平镇	0.008996	0.010402	0.011095	0.010737	0.006657
福建省长汀县濯田镇	0.024681	0.061703	0.041135	0.029037	0.021462
福建省闽清市坂东镇	0.026364	0.039546	0.046524	0.024716	0.019291
福建省福清市港头镇	0.008759	0.013475	0.007785	0.009732	0.006610
福建省福清市东瀚镇	0.012937	0.015220	0.009240	0.018481	0.012321
福建省漳浦县盘陀镇	0.014099	0.021994	0.022910	0.012219	0.011699
福建省古田县平湖镇	0.009344	0.012847	0.012847	0.014683	0.008114
福建省泉港区后龙镇	0.042818	0.059286	0.055051	0.030829	0.025691
福建省福清县渔溪镇	0.005432	0.005085	0.004878	0.004780	0.003415
福建省闽侯县白沙镇	0.004159	0.005129	0.004049	0.005495	0.003274
福建省惠安县净峰镇	0.008769	0.007615	0.007615	0.008038	0.005261
福建省安溪县湖头镇	0.008157	0.009098	0.007631	0.007885	0.005376
福建省泉港区界山镇	0.005516	0.008668	0.005276	0.007584	0.004854
福建省建宁县溪口镇	0.013917	0.015030	0.012525	0.011387	0.008350
福建省晋江市内坑镇	0.020527	0.023093	0.023838	0.017185	0.012741

续表

地区	教育	医疗卫生	文化娱乐	社会保障	基础设施
福建省大田县建设镇	0.019956	0.021286	0.017259	0.014513	0.011203
福建省泉港区前黄镇	0.018855	0.023569	0.022626	0.016162	0.012297
福建省南安市英都镇	0.019382	0.022843	0.015990	0.015229	0.011221
福建省晋江市龙湖镇	0.014057	0.014057	0.011246	0.011246	0.008033
福建省政和县石屯镇	0.003256	0.002742	0.002481	0.002894	0.002004
福建省顺昌县元坑镇	0.017393	0.015460	0.019877	0.010703	0.010703
福建省武平县桃溪镇	0.015574	0.013843	0.015574	0.011326	0.008899
福建省长乐市湖南镇	0.006127	0.007149	0.005361	0.005106	0.004046
福建省南安市官桥镇	0.010640	0.012124	0.011092	0.010861	0.007142
福建省闽侯县南屿镇	0.009386	0.012635	0.010597	0.008423	0.006704
福建省德化县龙浔镇	0.011434	0.013220	0.014588	0.008461	0.008135
福建省连江县浦口镇	0.012803	0.013277	0.015586	0.008535	0.008962
福建省仙游县赖店镇	0.021461	0.021461	0.023538	0.016969	0.012581
福建省梅列区陈大镇	0.015519	0.013579	0.012780	0.010685	0.008356
福建省建宁县均口镇	0.009011	0.007156	0.008110	0.005793	0.005177
福建省将乐县万安镇	0.013069	0.016894	0.013581	0.012369	0.008768
福建省连江县丹阳镇	0.014963	0.018330	0.013093	0.013093	0.009281
福建省将乐县白莲镇	0.012520	0.015650	0.016694	0.011924	0.008943
福建省平潭县流水镇	0.000318	0.000511	0.000367	0.000349	0.000304
福建省永春县下洋镇	0.007342	0.007995	0.006312	0.006788	0.004734
福建省德化县三班镇	0.011675	0.013688	0.009682	0.009682	0.007217
福建省南安市诗山镇	0.003785	0.004367	0.004055	0.003339	0.002703

利用式 (5-8)，得到小城镇公共服务供给与经济发展双弱匹配型地区（湖南省、河南省）的灰色关联系数 $\delta = ((\delta_{ij})_{5\times55})^T$，如表 5-18 所示。

第五章 基于城镇化贡献率及居民需求的小城镇公共服务供给内容结构分析

表 5-18 小城镇公共服务供给与经济发展双弱匹配型地区（河南省、湖南省）关联系数表

地区	教育	医疗卫生	文化娱乐	社会保障	基础设施
河南省开封县陈留镇	0.018042	0.010525	0.008420	0.008611	0.011144
河南省开封县仇楼镇	0.012637	0.010832	0.008425	0.008921	0.016850
河南省开封县朱仙镇	0.003302	0.004953	0.003074	0.003302	0.004693
河南省兰考县固阳镇	0.001461	0.001685	0.001095	0.001217	0.001565
河南省兰考县红庙镇	0.003133	0.004281	0.002987	0.002518	0.003670
河南省新安县李村镇	0.001529	0.001812	0.001193	0.001482	0.001812
河南省新安县仓头镇	0.007266	0.006118	0.005054	0.005812	0.009687
河南省栾川县三川镇	0.017262	0.014635	0.009350	0.011607	0.014960
河南省栾川县冷水镇	0.022981	0.054430	0.020278	0.029548	0.034472
河南省栾川县庙子镇	0.001213	0.001381	0.000931	0.000931	0.001251
河南省宝丰县周庄镇	0.049264	0.041054	0.024632	0.032129	0.052783
河南省尉氏县蔡庄镇	0.017391	0.012077	0.008873	0.010869	0.014492
河南省尉氏县永兴镇	0.025900	0.020270	0.012268	0.013712	0.017267
河南省尉氏县张市镇	0.036720	0.037986	0.022950	0.033382	0.055080
河南省杞县高阳镇	0.006777	0.004723	0.003897	0.004213	0.005773
河南省杞县五里河镇	0.016200	0.012600	0.010006	0.009195	0.016200
河南省汝阳县小店镇	0.000529	0.000480	0.000415	0.000404	0.000640
河南省宜阳县三乡镇	0.016348	0.013504	0.009412	0.011504	0.017256
河南省叶县仙台镇	0.011719	0.010620	0.009185	0.008091	0.016992
河南省叶县辛店镇	0.000031	0.000039	0.000026	0.000028	0.000040
河南省叶县常村镇	0.010657	0.012878	0.009658	0.008353	0.017170
河南省安阳县白璧镇	0.027097	0.022581	0.013283	0.016522	0.020528
河南省安阳县吕村镇	0.010480	0.011909	0.006895	0.008452	0.010917
河南省新乡县小冀镇	0.031177	0.023131	0.018386	0.021729	0.051219
河南省新乡县大召营镇	0.002661	0.003593	0.002318	0.002053	0.002661
河南省封丘县黄陵镇	0.005922	0.006485	0.004256	0.005448	0.007168
河南省长垣县赵堤镇	0.004104	0.003175	0.002804	0.003299	0.004807
湖南省长沙县黄兴镇	0.020599	0.015053	0.010872	0.010872	0.017017

续表

地区	教育	医疗卫生	文化娱乐	社会保障	基础设施
湖南省长沙县路口镇	0.010806	0.010034	0.007805	0.008514	0.016527
湖南省宁乡县灰汤镇	0.017917	0.012691	0.008461	0.009519	0.009826
湖南省浏阳市中和镇	0.036317	0.036317	0.022698	0.034048	0.054476
湖南省浏阳市三口镇	0.002624	0.003028	0.001920	0.002249	0.002811
湖南省茶陵县平水镇	0.013938	0.012037	0.008827	0.008543	0.014712
湖南省茶陵县火田镇	0.025493	0.017845	0.011897	0.015296	0.018460
湖南省茶陵县严塘镇	0.038499	0.040173	0.022000	0.030800	0.043999
湖南省湘潭县河口镇	0.032856	0.025274	0.019327	0.023469	0.054760
湖南省湘潭县花石镇	0.036843	0.036843	0.025439	0.042738	0.071229
湖南省祁东县双桥镇	0.003967	0.004794	0.003196	0.003835	0.005479
湖南省祁东县步云桥镇	0.018127	0.022067	0.012689	0.017502	0.025377
湖南省汉寿县坡头镇	0.000911	0.000911	0.000616	0.000655	0.000748
湖南省汉寿县太子庙镇	0.010635	0.014623	0.008508	0.012314	0.015095
湖南省汉寿县崔家桥镇	0.001101	0.001043	0.000826	0.000843	0.001279
湖南省汉寿县军山铺镇	0.003376	0.003737	0.002275	0.002683	0.002907
湖南省嘉禾县塘村镇	0.015667	0.016827	0.010566	0.011650	0.020651
湖南省嘉禾县行廊镇	0.007576	0.006667	0.004630	0.005051	0.006945
湖南省嘉禾县车头镇	0.013267	0.008131	0.006813	0.006302	0.007639
湖南省资兴市青腰镇	0.022919	0.047270	0.023635	0.030253	0.054022
湖南省宁远县天堂镇	0.010909	0.027533	0.012849	0.014455	0.014102
湖南省宁远县太平镇	0.018042	0.010525	0.008420	0.008611	0.011144
湖南省新田县金陵镇	0.016098	0.013583	0.010349	0.011145	0.021732
湖南省新田县新圩镇	0.002204	0.002938	0.001763	0.001983	0.002479
湖南省江华县东田镇	0.001096	0.001258	0.000871	0.000918	0.001306
湖南省沅陵县沅陵镇	0.002661	0.003593	0.002318	0.002053	0.002661
湖南省会同县团河镇	0.009348	0.019545	0.008431	0.010488	0.010750
湖南省会同县郎江镇	0.009307	0.009871	0.006032	0.007403	0.009581

利用式 (5-8)，得到经济发展领先于小城镇公共服务供给型地区（浙江省、广东省）的灰色关联系数 $\delta = ((\delta_{ij})_{5\times 60})^T$，如表 5-19 所示。

表 5-19 经济发展领先于小城镇公共服务供给型地区（浙江省、广东省）关联系数表

地区	教育	医疗卫生	文化娱乐	社会保障	基础设施
浙江省杭州市萧山区党山镇	0.013176	0.011712	0.015058	0.008108	0.008108
浙江省杭州市萧山区宁围镇	0.015949	0.012958	0.012566	0.018029	0.009014
浙江省杭州市余杭区黄湖镇	0.012187	0.014061	0.020311	0.014061	0.009140
浙江省临安市太阳镇	0.022424	0.030433	0.022424	0.023670	0.014202
浙江省临安市板桥镇	0.011172	0.011657	0.006875	0.008379	0.006384
浙江省瑞安市高楼镇	0.003638	0.002509	0.003032	0.002205	0.002140
浙江省瑞安市塘下镇	0.005293	0.009704	0.005063	0.006470	0.004658
浙江省乐清市清江镇	0.014975	0.011647	0.008736	0.009828	0.007147
浙江省乐清市柳市镇	0.026280	0.027826	0.021502	0.036387	0.015768
浙江省乐清市虹桥镇	0.028408	0.012284	0.013368	0.015673	0.010330
浙江省金华市婺城区安地镇	0.033006	0.024755	0.038084	0.022504	0.016503
浙江省金华市婺城区蒋塘镇	0.043187	0.021594	0.024185	0.018894	0.014747
浙江省金华市婺城区汤溪镇	0.052456	0.026228	0.027608	0.024979	0.017485
浙江省金华市金东区赤松镇	0.011885	0.015213	0.019016	0.016536	0.009508
浙江省义乌市义亭镇	0.025881	0.012676	0.011720	0.012941	0.009411
浙江省义乌市上溪镇	0.014797	0.009675	0.008984	0.008114	0.006620
浙江省开化县桐村镇	0.015883	0.020421	0.023824	0.014294	0.010996
浙江省开化县苏庄镇	0.001957	0.002398	0.001859	0.001906	0.001430
浙江省舟山市定海区小沙镇	0.023730	0.011505	0.009735	0.012656	0.009040
浙江省舟山市普陀区桃花镇	0.014223	0.018637	0.022520	0.014607	0.010394
浙江省舟山市普陀区东极镇	0.021961	0.012688	0.010773	0.011420	0.008651
浙江省三门县沙柳镇	0.055556	0.040741	0.032164	0.024445	0.020370
浙江省三门县小雄镇	0.018695	0.020629	0.016168	0.013596	0.010314
浙江省天台县街头镇	0.018445	0.016949	0.016503	0.013343	0.009799
浙江省温岭市大溪镇	0.014858	0.032688	0.018160	0.019613	0.012258
浙江省温岭市松门镇	0.053785	0.040339	0.032271	0.024203	0.020169

续表

地区	教育	医疗卫生	文化娱乐	社会保障	基础设施
浙江省温岭市石塘镇	0.020624	0.024749	0.024749	0.024749	0.013749
浙江省仙居县白塔镇	0.017308	0.019872	0.028240	0.014501	0.011664
浙江省丽水市莲都区碧湖镇	0.008277	0.008277	0.009270	0.006621	0.005267
浙江省丽水市莲都区雅溪镇	0.027808	0.024332	0.035392	0.016927	0.014974
广东省佛山市南海区狮山镇	0.008577	0.011722	0.015290	0.009505	0.007177
广东省佛山市顺德区乐从镇	0.001357	0.001999	0.001357	0.001225	0.001117
广东省佛山市顺德区龙江镇	0.004717	0.005442	0.007447	0.005053	0.003824
广东省佛山市高明区杨和镇	0.010695	0.016807	0.018100	0.009050	0.009412
广东省佛山市高明区明城镇	0.000159	0.000176	0.000170	0.000182	0.000124
广东省佛山市高明区更合镇	0.005323	0.004259	0.004732	0.004483	0.003155
广东省佛山市顺德区陈村镇	0.004830	0.005928	0.007245	0.006210	0.004075
广东省佛山市顺德区北窖镇	0.001422	0.002171	0.001330	0.001528	0.001213
广东省佛山市顺德区杏坛镇	0.001170	0.001697	0.001257	0.000970	0.001170
广东省佛山市顺德区均安镇	0.004591	0.003504	0.005326	0.005547	0.005547
广东省佛山市三水区南山镇	0.001915	0.001849	0.002980	0.001676	0.001625
广东省佛山市三水区乐平镇	0.007479	0.009722	0.007778	0.006273	0.005117
广东省佛山市三水区大塘镇	0.007707	0.012168	0.011010	0.006800	0.006422
广东省佛山市三水区芦苞镇	0.021402	0.023185	0.037096	0.015898	0.013911
广东省江门市新会区司前镇	0.001257	0.002141	0.001700	0.001651	0.001521
广东省台山市三合镇	0.015101	0.019416	0.022652	0.011326	0.010730
广东省雷州市东里镇	0.003071	0.004031	0.004300	0.002804	0.002580
广东省雷州市北和镇	0.010394	0.012201	0.010794	0.011693	0.007016
广东省雷州市松竹镇	0.015213	0.019016	0.016536	0.011885	0.009508
广东省茂名市茂港区羊角镇	0.017111	0.035363	0.035363	0.021218	0.015601
广东省茂名市茂港区小良镇	0.013460	0.020544	0.020544	0.011153	0.010272
广东省惠州市惠城区三栋镇	0.013672	0.018498	0.009529	0.010843	0.008275
广东省惠州市惠阳区沙田镇	0.022274	0.024749	0.027843	0.021556	0.013921
广东省龙门县永汉镇	0.010752	0.016128	0.016977	0.009775	0.008489
广东省龙门县龙田镇	0.006333	0.008685	0.008216	0.005066	0.005066

续表

地区	教育	医疗卫生	文化娱乐	社会保障	基础设施
广东省龙门县龙江镇	0.008418	0.010523	0.010160	0.007754	0.005893
广东省陆丰市八万镇	0.006577	0.005940	0.007083	0.005940	0.004185
广东省陆丰市上英镇	0.031969	0.042625	0.063938	0.025575	0.021313
广东省紫金县上义镇	0.018298	0.013862	0.020793	0.013454	0.009944
广东省阳春市河口镇	0.02304	0.03392	0.040704	0.024921	0.01696

利用式（5-8），得到小城镇公共服务供给领先于经济发展型地区（江西省、云南省、贵州省）的灰色关联系数 $\delta = ((\delta_{ij})_{5 \times 72})^T$，如表 5-20 所示。

表 5-20 小城镇公共服务供给领先于经济发展型地区（江西省、云南省、贵州省）关联系数表

地区	教育	医疗卫生	文化娱乐	社会保障	基础设施
江西省安福县平都镇	0.011583	0.009411	0.007925	0.007345	0.013094
江西省安义县东阳镇	0.022241	0.011121	0.009786	0.010637	0.012876
江西省安义县乔乐镇	0.027972	0.012632	0.011518	0.011867	0.013986
江西省安义县石鼻镇	0.002436	0.002140	0.001962	0.001811	0.003071
江西省奉新县干洲镇	0.012956	0.013882	0.013403	0.022864	0.024293
江西省东乡县圩上桥镇	0.024569	0.049139	0.038794	0.043358	0.038794
江西省广丰县泉波镇	0.022241	0.011121	0.009786	0.010637	0.012876
江西省广丰县五都镇	0.037267	0.055901	0.044721	0.104348	0.078261
江西省金溪县秀谷镇	0.022241	0.011121	0.009786	0.010637	0.012876
江西省进贤县温圳镇	0.018015	0.016681	0.010236	0.012511	0.016085
江西省莲花县路口镇	0.022065	0.018581	0.011032	0.013075	0.013578
江西省莲花县琴亭镇	0.016770	0.013975	0.008826	0.011180	0.011979
江西省龙南县龙南镇	0.001094	0.001259	0.000848	0.000903	0.001222
江西省芦溪县芦溪镇	0.025348	0.013181	0.010630	0.012204	0.013730
江西省彭泽县浪溪镇	0.001379	0.001979	0.001379	0.001570	0.002069
江西省鄱阳县鄱阳镇	0.025348	0.013181	0.010630	0.012204	0.013730
江西省铅山县河口镇	0.019920	0.017430	0.011155	0.013944	0.018592

续表

地区	教育	医疗卫生	文化娱乐	社会保障	基础设施
江西省上栗县赤山镇	0.020554	0.019620	0.011359	0.013080	0.016601
江西省上栗县上栗镇	0.011583	0.009411	0.007925	0.007345	0.013094
江西省上饶县黄沙岭镇	0.022241	0.011121	0.009786	0.010637	0.012876
江西省兴国县潋江镇	0.024037	0.012464	0.010855	0.012464	0.016025
江西省修水县大桥镇	0.019649	0.042106	0.022672	0.032749	0.018421
江西省宜春市袁州区西村镇	0.001094	0.001259	0.000848	0.000903	0.001222
江西省玉山县冰溪镇	0.026568	0.018696	0.012943	0.016284	0.021033
江西省资溪县鹤城镇	0.014927	0.013861	0.009241	0.009952	0.015525
云南省兰坪县金顶镇	0.001094	0.001259	0.000848	0.000903	0.001222
云南省大理市下关镇	0.021858	0.021196	0.012490	0.015544	0.020572
云南省大理市凤仪镇	0.002345	0.001563	0.001340	0.001389	0.001501
云南省洱源县乔后镇	0.004283	0.004497	0.002949	0.003270	0.004283
云南省剑川县金华镇	0.005358	0.004148	0.003136	0.003674	0.004434
云南省镇沅县按板镇	0.006701	0.005504	0.004533	0.004533	0.007339
云南省腾冲县腾越镇	0.021442	0.019726	0.012978	0.014505	0.024658
云南省巍山县大仓镇	0.012567	0.010211	0.006807	0.008378	0.009336
云南省巍山县庙街镇	0.009912	0.010395	0.006557	0.008357	0.010655
云南省寻甸县鸡街镇	0.009183	0.010044	0.006064	0.007142	0.009183
云南省寻甸县七星镇	0.029768	0.021263	0.014592	0.019082	0.024806
云南省勐海县勐海镇	0.027064	0.026023	0.016915	0.021826	0.037589
云南省师宗县雄壁镇	0.025348	0.013181	0.010630	0.012204	0.013730
云南省师宗县丹凤镇	0.010154	0.005896	0.005222	0.006093	0.007030
云南省富源县后所镇	0.025348	0.013181	0.010630	0.012204	0.013730
云南省富源县营上镇	0.003996	0.004424	0.002693	0.003176	0.003441
云南省富源县老厂镇	0.004492	0.005468	0.003144	0.003594	0.003699
云南省永平县龙街镇	0.008664	0.005776	0.004683	0.004683	0.004813
云南省德钦县升平镇	0.008446	0.008727	0.006234	0.007481	0.011901
云南省凤庆县雪山镇	0.000782	0.001291	0.000807	0.000890	0.000993
云南省禄丰县广通镇	0.027108	0.025979	0.015987	0.018338	0.031174

续表

地区	教育	医疗卫生	文化娱乐	社会保障	基础设施
云南省耿马县勐永镇	0.001719	0.001862	0.001314	0.001354	0.001943
云南省永善县黄华镇	0.016889	0.010028	0.008228	0.008228	0.010351
云南省砚山县阿猛镇	0.019344	0.013888	0.009338	0.010832	0.012036
云南省威信县扎西镇	0.007584	0.014789	0.010199	0.008963	0.007584
贵州省开阳县双流镇	0.021409	0.011469	0.009731	0.009445	0.010704
贵州省开阳县金中镇	0.019327	0.016911	0.012884	0.013876	0.028482
贵州省修文县六广镇	0.004951	0.006140	0.003744	0.004264	0.005685
贵州省遵义县三合镇	0.000144	0.000194	0.000154	0.000194	0.000132
贵州省遵义县乌江镇	0.012279	0.015070	0.010047	0.008960	0.015787
贵州省遵义县松林镇	0.008936	0.013210	0.008681	0.011686	0.007234
贵州省正安县安场镇	0.000102	0.000151	0.000118	0.000146	0.000107
贵州省道真县三桥镇	0.008423	0.007991	0.005027	0.005772	0.006493
贵州省道真县平模镇	0.019741	0.023032	0.026322	0.039483	0.042520
贵州省凤冈县土溪镇	0.008755	0.009728	0.006038	0.007004	0.009728
贵州省福泉市地松镇	0.002641	0.002081	0.001717	0.001962	0.002641
贵州省雷山县西江镇	0.031033	0.042968	0.042968	0.069823	0.069823

(五) 计算灰色关联度，确定优先次序

计算灰色关联度：

$$\gamma_j = \sum_{j=1}^{42} w_j \delta_{ij}(s_{ij}, h_j) \tag{5-9}$$

式（5-9）中，γ_j 表示灰色关联度，可以根据灰色关联度的大小对小城镇公共服务的需求迫切度进行排序。由式（5-9）得到四种类型地区五类小城镇公共服务的灰色关联度，如表 5-21 所示。

从表 5-21 可以看出，不同地区的小城镇居民对公共服务表现出不同的偏好。

公共服务供给与经济发展双强匹配型地区的居民对医疗卫生、文化娱乐表现出较强的偏好，而对水、电、气、路等基础设施的需求偏低。这主要是

表 5-21 不同类型地区居民对五类公共服务需求排序

种类	公共服务供给与经济发展双强匹配型地区（福建省）		公共服务供给与经济发展双弱匹配型地区（河南省、湖南省）		经济发展领先于公共服务供给型地区（浙江省、广东省）		公共服务供给领先于经济发展型地区（江西省、云南省、贵州省）	
	灰色关联度	需求排序	灰色关联度	需求排序	灰色关联度	需求排序	灰色关联度	需求排序
教育	0.531214	3	0.764906	3	0.946106	2	0.977540	2
医疗卫生	0.684318	1	0.771970	2	0.937431	3	0.894750	3
文化娱乐	0.603903	2	0.484103	5	0.978406	1	0.681703	5
社会保障	0.486043	4	0.597521	4	0.730674	4	0.888193	4
基础设施	0.362922	5	0.928813	1	0.535407	5	0.984909	1

注：由于表格内容的限制，表格中的"种类"一栏作了简化，"教育"完整的表述是"教育（幼儿园、中小学、专业培训机构等）"，"医疗卫生"完整的表述是"医疗卫生（医疗服务及各种医疗设施等）"，"文化娱乐"完整的表述是"文化娱乐（图书馆、文化活动中心、休闲广场、公园等）"，"社会保障"完整的表述是"社会保障（养老服务及设施）"，"基础设施"完整的表述是"基础设施（道路、燃气、通信、供水、供电等）"。

由于这类地区经济相对发达，随着经济的不断发展和地方财政收入的增加，水、电、气、路等基础设施建设项目已逐步完善，而医疗卫生、文化娱乐这类福利类、文化类公共服务供给则相对薄弱，镇上的医疗机构医疗水平低、能提供的药物种类和医疗项目非常有限，图书馆、文化站这类公共文化设施更是难觅踪影。当地居民随着生活水平的提高，对这类公共服务的需求日益增长，因此供需矛盾逐渐显现。这类地区居民对养老院、敬老院这类社会保障类公共服务的需求偏好低主要是由于受到传统养老观念的影响，大多倾向于家庭养老或自我养老。课题组成员在当地一个小镇调研中也了解到在当地依靠机构养老（养老院、敬老院）的都是"五保户"，而且这一现象在其他几类地区也同样存在。

公共服务供给与经济发展双弱匹配型地区的居民对基础设施类公共服务的需求排在第一位。这充分说明，在经济发展相对落后地区，地方财政基本上都是"吃饭"财政，拿不出足够的资金用于小城镇基础设施建设，面对地方财政收入有限、弥补政府投资不足的民间资本又不活跃的双重困境，小城镇的基础设施建设不尽如人意，与当地居民的实际需求还存在一定的差距。

同时，由于人的需求层次是递进的、分层次的，文化类公共服务属于较高层次的精神需求，对当地大多数居民来说是奢侈品而非必需品，因此其需求迫切度较低，排在五类公共服务中的最后一位。

经济发展领先于公共服务供给型地区的居民与公共服务供给与经济发展双强匹配型地区的居民需求偏好相似，这主要是由于这两类地区都是经济发展水平较高的地区，而收入水平是影响需求结构的主要因素，因此有着相近收入水平的两地居民有着相似的公共服务需求偏好。同理，公共服务供给领先于经济发展型地区与公共服务供给与经济发展双弱匹配型地区经济发展水平相近，因此这两个地区的居民也表现出相似的公共服务需求偏好。

第三节 双向结合的小城镇公共服务供给优先序分析

前文分别从城镇化贡献率和居民需求两个视角考察了小城镇公共服务供给内容的优先顺序，本节结合这两个不同的视角，在四类不同的地区分别赋予两种排序结果不同的权重，考虑到小城镇公共服务供给最终是为了满足当地居民的需求和偏好，因此基于居民需求的公共服务排序结果赋予权重0.6，基于城镇化贡献率的公共服务排序结果赋予权重0.4，依据此权重，分别计算小城镇各项公共服务位序的加权平均值，数值最小者就是优先供给的。最终得出四类不同地区小城镇公共服务供给内容排序，分析结果如表5-22所示。

从表5-22可以看出，公共服务供给与经济发展双强匹配型地区的供给优先序为：文化娱乐、医疗卫生、教育、社会保障、基础设施。公共服务供给与经济发展双弱匹配型地区的供给优先序为：基础设施、教育、医疗卫生、文化娱乐、社会保障。经济发展领先于公共服务供给型地区的供给优先序为：文化娱乐、教育、医疗卫生、社会保障、基础设施。公共服务供给领先于经济发展型地区的供给优先序为：基础设施、教育、文化娱乐、医疗卫生、社会保障。这种排序结果表明，经济发展程度相对发达的地区（包括公共服务

表 5-22　双向结合的小城镇公共服务供给内容排序

种类	公共服务供给与经济发展双强匹配型地区（福建省）			公共服务供给与经济发展双弱匹配型地区（河南省、湖南省）			经济发展领先于公共服务供给型地区（浙江省、广东省）			公共服务供给领先于经济发展型地区（江西省、云南省、贵州省）		
	基于贡献率的排序	基于居民需求的排序	双向结合的排序	基于贡献率的排序	基于居民需求的排序	双向结合的排序	基于贡献率的排序	基于居民需求的排序	双向结合的排序	基于贡献率的排序	基于居民需求的排序	双向结合的排序
教育	2	3	3	2	3	2	2	2	2	2	2	2
医疗卫生	5	1	2	5	2	3	5	3	3	5	3	4
文化娱乐	1	2	1	1	5	4	1	1	1	1	5	3
社会保障	4	4	4	4	4	5	4	4	4	4	4	5
基础设施	3	5	5	3	1	1	3	5	5	3	1	1

注：由于表格内容的限制，表格中的"种类"一栏作了简化，"教育"完整的表述是"教育（幼儿园、中小学、专业培训机构等）"，"医疗卫生"完整的表述是"医疗卫生（医疗服务及各种医疗设施等）"，"文化娱乐"完整的表述是"文化娱乐（图书馆、文化活动中心、休闲广场、公园等）"，"社会保障"完整的表述是"社会保障（养老服务及设施）"，"基础设施"完整的表述是"基础设施（道路、燃气、通信、供水、供电等）"。

供给与经济发展双强匹配型地区和经济发展领先于公共服务供给型地区）应该重视文化娱乐类公共服务的供给。而经济发展程度相对落后的地区（包括公共服务供给与经济发展双弱匹配型地区和公共服务供给领先于经济发展型地区）则要关注基础设施类公共服务的改进和完善。

第四节　本章小结

本章采用空间截面数据的空间计量模型，基于城镇化贡献率的视角对小城镇五大类公共服务的供给进行排序。同时，基于公共服务需求意愿调查问卷，得出了四类不同地区小城镇居民对五项公共服务的需求排序。在此基础上，把这两个视角的排序结果进行综合，得到了四类地区小城镇公共服务供给内容优先序。本章的主要结论包括：

（1）依据基础设施、教育、医疗卫生、社会保障及文化娱乐五大类公共服务对城镇化水平的贡献大小，我们得到的排序结果是：文化娱乐、教育、基础设施、社会保障和医疗卫生。

（2）依据公共服务需求意愿调查问卷，公共服务供给与经济发展双强匹配型地区的居民对公共服务的需求优先序为医疗卫生、文化娱乐、教育、社会保障、基础设施。公共服务供给与经济发展双弱匹配型地区的需求优先序为：基础设施、医疗卫生、教育、社会保障、文化娱乐。经济发展领先于公共服务供给型地区的需求优先序为：文化娱乐、教育、医疗卫生、社会保障、基础设施。公共服务供给领先于经济发展型地区的需求优先序为：基础设施、教育、医疗卫生、社会保障、文化娱乐。

（3）基于城镇化贡献率和居民需求二维视角结合的小城镇公共服务供给排序结果表明，公共服务供给与经济发展双强匹配型地区的供给优先序为：文化娱乐、医疗卫生、教育、社会保障、基础设施。公共服务供给与经济发展双弱匹配型地区的供给优先序为：基础设施、教育、医疗卫生、文化娱乐、社会保障。经济发展领先于公共服务供给型地区的供给优先序为：文化娱乐、教育、医疗卫生、社会保障、基础设施。公共服务供给领先于经济发展型地区的供给优先序为：基础设施、教育、文化娱乐、医疗卫生、社会保障。

第六章 基于网络治理理论的小城镇公共服务供给主体结构分析

随着经济发展水平的提高,我国小城镇公共服务供给主体不断多元化,政府、企业、非政府组织和公民个人等供给主体都逐渐参与到小城镇公共服务的供给中来,对小城镇的供给起到了积极的作用。然而由于各供给主体的利益诉求不一致,多元供给主体的共同参与并不等于各供给主体之间能够团结协作,产生协同合作供给的优势效应。因此,在小城镇公共服务供给中,如何整合不同供给主体的利益目标,使之采取共同行动,是一个值得深入探讨的问题。

本章的基本思路是:首先,梳理和阐述网络治理相关理论;其次界定小城镇公共服务的供给主体,探讨小城镇公共服务供给主体的合作网络及其运行;最后选取江西省抚州市南丰县H镇S村村组公路修建的过程作为多元主体合作供给公共服务的典型个案,分析和检验小城镇公共服务供给主体的合作网络运行过程。

第一节 网络治理的理论内涵

美国学者斯蒂芬·戈德史密斯(Stephen Goldsmith)和威廉·D.埃格斯(William D. Eggers)是网络化治理理论的奠基人。两位学者在他们的著作《网络治理:公共部门的新形态》一书中提出:在这种新的模式下,政府的工作不太依赖传统意义上的公共雇员,而是更多地依赖各种伙伴关系、协议和同盟所组成的网络来从事并完成公共事业。我们将这种发展称为"网络化治理"①。网络化治理代表了第三方政府、协同政府、数字化革命和公民选择四种发展趋势的集合。第三方政府是指利用私人公司和非营利组织而不是政府雇员来提供公共服务。协同政府是指联合若干政府机构，有时甚至是多级政府一起提供整体化服务。数字化革命是指技术上的突破将跨越组织界限之间的伙伴沟通和合作变得更好、更快，也更廉价。公民选择是指消费者掌控自身选择权的期望在不断提高②。如图6-1所示，根据"公私合作程度"和"网络管理能力"两个维度及"高"、"低"两个不同层次的组合，做出网络化治理模式示意图。

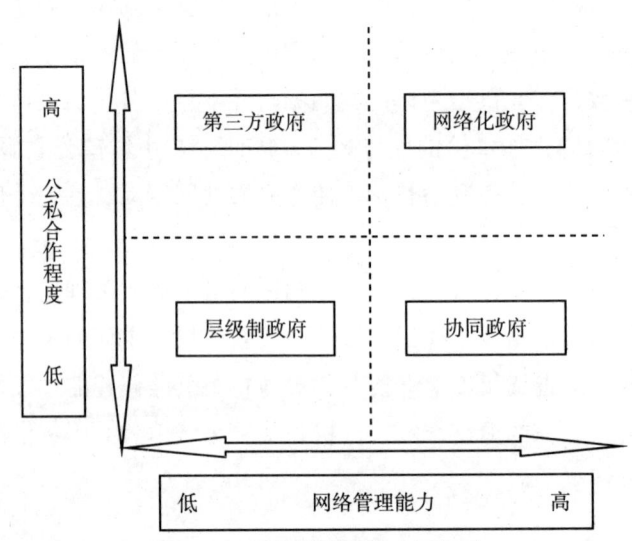

图6-1 网络化治理模式示意图

资料来源：斯蒂芬·戈德史密斯，威廉·D.埃格斯.网络化治理：公共部门的新形态 [M].孙迎春译.北京：北京大学出版社，2008.

图6-1中，"层级制政府"属于传统的官僚制政府形态，"鸽笼化"管理色彩比较浓厚，主要靠层级制权威进行协调，因而效果不佳。"第三方政府"意味着公私合作程度高，但政府对公私合作网络的管理能力低下。"协同政

---

①② 斯蒂芬·戈德史密斯，威廉·D.埃格斯.网络化治理：公共部门的新形态 [M].孙迎春译.北京：北京大学出版社，2008.

府"的网络管理能力强,因而能实现有效的跨界合作,但这种合作仅限于政府不同部门之间。"网络化治理"既包含高程度的公私合作,又意味着政府对公私合作网络的管理能力强。它将第三方政府高水平的公私合作特性与协同政府充沛的网络管理能力结合起来,然后再利用技术将网络连接到一起,并在服务运行方案中给予公民更多的选择权①。唐纳德·F.凯特尔对《网络治理:公共部门的新形态》一书的评价一针见血,"戈德史密斯和埃格斯提起讨论的最深刻的见地是,必须按照传统的自上而下的层级结构建立纵向的权力线,并根据新兴的各种网络建立起横向的行动线"。

"网络治理是指为了实现与增进公共利益,政府部门和非政府部门(私营部门、第三部门或公民个人)等众多公共行动主体彼此合作,在相互依存的环境中分享公共权力,共同管理公共事务的过程"②。这是我国学者陈振明对网络治理这一概念的解读。对于政府部门而言,治理就是从统治到掌舵的变化,政府从公共管理行为的唯一统治者转变为受网络规则控制的公共事务管理的参与者之一。对于非政府部门而言,治理就是从被动排斥到主动参与的变化,非政府部门通过网络治理平等地参与到公共管理事务中。

由此可见,作为一种全新的公共管理模式,网络化治理是随着日益变化的社会环境和变革浪潮应运而生的,有着深厚的理论积淀和实践积累,其内涵丰富而深刻。网络治理的明显特征主要表现在③:①治理主体的多元化。面对复杂多变的社会环境,没有哪个机构或主体能够独自解决所有的问题。在解决公共事务时,政府、企业、非政府组织和公民形成一个互相依赖的多中心的公共行动体系,参与决策和共识的构建。②治理机制的网络化。各种治理主体通过网络对话和协商、数字化的信息技术网络为多种治理主体提供了一个交流信息、互信互动、共享资源的平台,数字化革命能以一种崭新而不同的方式将复杂的系统组织起来,降低合作交易的成本,并在一定程度上减少分歧,最终形成各方都可以接受的政策方案。③治理责任的分散化。治理

---

① 斯蒂芬·戈德史密斯,威廉·D.埃格斯.网络化治理:公共部门的新形态[M].孙迎春译.北京:北京大学出版社,2008.
②③ 陈振明.公共管理学:一种不同于传统行政学的研究途径[M].北京:中国人民大学出版社,2003.

主体的多元造成了治理权力的分散化，公共权力分散于网络之中，各供给主体在合作网络中享有平等的权利。因此，承担治理失败的责任也相应地分散于政府、企业、非政府组织和公民个人中。

网络治理是借用网络化治理理论来指导供给，就是政府部门、企业、非政府组织和公民个人等众多行动主体为了实现最大化的公共价值，在互相依赖的环境中共享公权力、取长补短、分工合作、共同管理公共事务的过程，是一种动态化的跨界合作的全新模式。

第二节　小城镇公共服务供给主体合作网络的构建

一、小城镇公共服务供给主体的界定

我国小城镇公共服务供给已经形成了多元化态势，即以政府、市场、非政府组织、公民等多元供给主体共同参与供给小城镇公共服务。

（一）网络化治理的核心主体：政府

在网络化治理模式下，政府和企业、非政府组织等多种主体共同构成了相互依存的网络体系，网络体系中的每个治理主体都享有平等的权利保障和独立地位。尽管政府与其他治理主体之间是一种基于公共利益的平等合作关系，政府依然是"同辈中的长者"，是公共利益的最后维护者，应该在网络协调和维护方面承担更多的义务和责任。由此可见，在网络化治理中，政府的角色不再是直接供给，而应该促进公共价值的实现，政府的核心职责已从管理公共行政人员和某些特定的项目转变为组织协调各种资源以创造公共价值，这时的政府更多地应该扮演"元治理"的角色。当政府更少依赖公共雇员而更多依赖合作网络和承包商从事公共事务时，政府机构管理网络的能力就会

与其管理自身公共雇员的能力一样,左右着机构的成效[1]。

库伊曼和范弗利埃特把"政府在治理中的任务"概括如下:构建(解构)与协调;施加影响和规定取向;整合与管理[2]。借鉴上述库伊曼和范弗利埃特对政府在治理中任务的界定,政府在网络治理中的职能可被概括为[3]:第一,政府需要发挥"同辈中的长者"的优势,构建多元治理主体共同参与的合作治理网络。第二,政府需要确保公共政策方案在程序和实质上都与公共利益保持高度的一致,以最大限度地增进公共利益。第三,政府需要发挥"元治理"的作用,为政府、市场和社会三个领域的各治理主体提供制度和政策支持,促进多元治理主体建立共同的远景,加强多元主体间的合作。

总之,网络化治理中的政府角色定位发生了很大变化,从传统管理、控制转向组织协调,虽然支配性的绝对权威一去不复返了,但是政府仍然发挥着指导社会组织行为方向和准则的关键作用。只有政府可以将各种不同层级的不同组织整合在一起,因为它是一个合法的民主机构,可以分配权力与责任,其决策被其他组织认为是可以信赖的,能保证网络参与者的政治认同[4]。

(二)网络化治理的参与主体:企业

在小城镇公共服务的供给中积极引入市场竞争机制,打破政府一家包办、垄断供给的格局,这已成为各国公共服务供给领域改革的一条成功经验。2015年5月22日,国务院第92次常务会议审议通过并转发了由财政部牵头,会同发展改革委、中国人民银行联合制定的《关于在公共服务领域推广政府和社会资本合作模式的指导意见》,决定围绕增加公共服务和公共服务供给,在能源、交通运输、水利、农业、科技、医疗、卫生、养老等公共服务领域,广泛采用政府和社会资本合作模式。指导意见指出,政府和社会资本合作模式(Public-Private Partnership,PPP)有利于充分发挥市场机制作用,提升公共服务的供给质量和效率,实现公共利益最大化。

---

[1] 斯蒂芬·戈德史密斯,威廉·D.埃格斯.网络化治理:公共部门的新形态[M].孙迎春译.北京:北京大学出版社,2008.
[2] 俞可平.治理与善治[M].北京:社会科学文献出版社,2000.
[3] 陈尧天.网络治理视角下的公共服务供给研究[D].长沙:湖南大学硕士学位论文,2010.
[4] 陶丹萍.网络治理理论及其应用研究:一个公共管理新途径的阐释[D].上海:上海交通大学硕士学位论文,2008.

显而易见，作为公共服务供给机制重大改革的 PPP 模式充分体现了网络化治理多方参与的理念，有利于公共部门和私人组织在公共服务的供给过程中充分发挥各自独特的优势，实现优势互补。私人组织作为网络化治理的参与主体，与政府合作治理的方式主要可以概括为以下几种：

（1）合同外包。合同外包是指通过引入市场机制，政府将一部分公共服务通过合同的形式交由政府以外的主体来承担，政府在公共服务供给过程中监督合同的履行，并支付报酬。合同外包把民事行为中的合同引入公共管理领域，较大程度地融入了市场的成分，既提高了政府服务水平，又缩小了政府规模，节约了成本开支。

根据竞争程度的差异，合同外包又可被划分为竞争性购买、协商式购买及指定性购买三种方式。竞争性购买通常采用邀请招标与公开招标的方式，邀请招标中投标人的数量有限，竞争的范围有限，有可能将某些在技术上或报价上更有竞争力的承包商漏掉。公开招标中由于所有符合条件的企业都可参与竞争，因此相比邀请招标其效率更高。协商式购买指政府就交易条件与多家供应商进行谈判，最后遴选出最合适的供应商。指定性购买省去了购买中所有的前期工作，政府直接向指定的供应商直接购买。由于这种购买方式容易形成垄断，因此只在购买特定的公共服务项目时予以采用[1]。

（2）托管。所谓托管制，是指政府在保持公有财产所有权不变的情况下，将公共服务的一部分经营权，通过招投标的方式委托给非公共部门经营管理，这是非公共部门经营管理和政府公有财产之间形成的合作伙伴关系[2]。

（3）特许经营。特许经营指的是公共部门授予私人企业在一定期限和范围内提供某项公共服务或经营某项公用事业。获得特许经营权的私人企业，一方面直接向公众提供公共服务，履行经营协议；另一方面从使用者处收取费用来获取收益。与此同时，被授权经营的企业在公共服务的供给过程中还必须接受主管部门的监督检查[3]。2015 年 6 月 1 日，由国家发展和改革委员会、财政部、住房和城乡建设部、交通运输部、水利部和中国人民银行六部

---

[1] 王春婷. 政府购买公共服务的绩效影响因素探析 [J]. 特区实践与理论，2012（2）：49-51.
[2] 田星亮. 论网络化治理的主体及其相互关系 [J]. 学术界，2011（2）：61-69.
[3] 特许经营不能等同 PPP [N]. 中国经济导报，2015-05-14.

门共同起草的《基础设施和公用事业特许经营管理办法》经国务院批准正式发布施行。国家发展和改革委员会为了做好《基础设施和公用事业特许经营管理办法》的贯彻落实工作，于 2015 年 7 月 2 日专门发文给各省自治区、直辖市发改委，要求各地根据本地区国民经济和社会发展总体规范、土地利用规划和城乡规划，并结合经济社会发展需求，切实做好特许经营项目的统筹规划和协调平衡。广泛筛选适宜开展特许经营的项目，深化前期研究，谋划重点推进项目，积极运用建设—运营—移交（BOT）、建设—拥有—运营—移交（BOOT）、建设—移交—运营（BTO）以及设计—建设—融资—运营（DBFO）、改建—运营—移交（ROT）、建设—拥有—运营（BOO）、转让—运营—移交（TOT）、运营管理（O&M）等方式开展特许经营①。

（三）网络化治理的第三种力量：非政府组织

面对小城镇居民快速增长的公共服务需求，作为政府与企业中间地带的非政府组织承担了大量政府和企业不能做、不愿做、做不好的工作，弥补了"政府失败"和"市场失灵"，在公共服务供给领域中发挥着不可或缺的重要作用。"非政府组织"一词最早出现在 1945 年联合国的章程中，学界对非政府组织并没有完全严格的定义。美国学者莱斯特·M.萨拉蒙在其著作《全球公民社会·非营利部门视界》中将非政府组织的特点归纳为：组织性、民间性、公益性、非营利性、自治性、自愿性②。国内学者也从不同的视角对非政府组织的概念进行了界定。比较有代表性的观点有："非政府组织是不以营利为目的，致力于各种公益事业和公益活动的社会组织，是介于政府部门和私营部门之外的组织形态，具有非营利性、组织性、志愿性、自治性、民间性等特征。"③

非政府组织与基层联系密切、了解基层实际情况，在解决细化具体的社会问题方面具有政府与市场无法替代的优势和作用。一方面，非政府组织的非营利性特征，决定了其在公共服务的供给中以某种特定的"宗旨"为目标

---

① http://www.sdpc.gov.cn/zcfb/zcfbtz/201507/t20150707_736663.html.
② 莱斯特·M.萨拉蒙.全球公民社会：非营利部门视界 [M].北京：社会科学文献出版社，2007.
③ 陈振明.公共管理学：一种不同于传统行政学的研究途径 [M].北京：中国人民大学出版社，2003.

导向，这种宗旨代表一种理念，往往具有很强的公益色彩，从而使非政府组织成为使命感很强的组织，保证其在公共服务的供给中始终追求社会公共利益最大化。非政府组织的这一特质也就弥补了以实现利润最大化为目的的企业在公共服务供给中的不足和缺陷。另一方面，非政府组织作为不受政府控制，独立于政府之外的公共主体，不同于自上而下的等级森严的政府官僚组织结构，它实行灵活多样的、平等参与式的组织结构，这种灵活高效的结构决定了非政府组织在公共服务的供给中具有较强的针对性、较低的运营成本和较高的运营效率。

（四）网络化治理的重要补充：公民个人

网络化治理模式的重要特点就是提倡包括公民在内的多元主体的交流与沟通、互动与合作。在网络化治理视角下，我们不能简单地认为公民仅仅是纳税人、投票人和服务的接受者，而要重新定位公民的作用。公民通过一定的渠道关注和参与公共治理，进而影响政府公共事务或公共政策的行动过程和结果。随着公民社会的日趋壮大和不断成熟，公民个人参与公共事务治理的积极性越来越高，充分体现了现代民主行政的本质。

在网络化治理视角下，公民参与首先体现了政治国家与市民社会的一种新颖关系，促进了公共管理主体的多元化，是实现公共利益最大化的善治过程。其次，公民参与增强了政府工作的透明度，强化了公民对政府的信心，有助于取得公民对政府政策的认同与支持，有助于维护社会稳定，有助于实现和谐社会。最后，公民参与实现了政府与公民的良性互动，方便了服务者与被服务者之间的直接对话和有效沟通，通过公民参与构建的公民和政府间的良性合作网络关系，提高了公共服务供给的及时性、针对性和有效性，有助于提升公共服务效能，健全公共服务体系建设。

具体而言，网络化治理中公民参与的实现可从以下几方面入手：①培育现代公民理念，提高公民参与意识。为了避免公民参与流于形式，一方面要营造良好的政治心理环境，增强公民的主体性和责任感；另一方面要加强对公民的教育和培训，使公民在实践中不断提高参与能力，有效地融入各参与主体构建的关系网络中。②完善公民参与网络化治理的制度建设。公民参与的制度建设需要长期的努力，不可能在短期内一蹴而就，完全达到公民的理想预期，但是政府要重点关注、积极落实相应的制度建设。③拓宽公民参与的渠道和途径。网络化治理视角下的公民参与形式多样，如公开听证制度、重大事项预告制度和公示制度，在此基础上还需不断创新、变革公民参与的方式，为公民参与提供更多的渠道和途径①。

二、小城镇公共服务供给主体合作网络的运行机制

良好的运行机制是确保小城镇公共服务供给主体合作网络顺利运行的调节器和润滑剂，它能够有效调节各供给主体的供给行为，避免各供给主体由于利益分歧而导致的行为扭曲，遏制可能发生的机会主义行为，实现政府、企业、非政府组织和公民个人等多元供给主体之间的良性互动与有效合作。小城镇公共服务供给主体合作网络的运行机制包括遴选各供给主体的参与机制、保证合作网络有效运行的支撑机制、协调不同供给主体利益的利益整合机制、调整各供给主体行为的合作机制、规范各供给主体权责的约束保障机制。

（一）参与机制

参与机制，就是针对特定的小城镇公共服务供给目标，决定各供给主体是否参与到小城镇公共服务供给中来的一系列规则和体系。在《改革政府——企业精神如何改革着公营部门》一书中，戴维·奥斯本与特德·盖布勒对不同组织机制的优势作了以下区分：公营部门在政策管理、管理实施、保证公平、防止歧视和剥削、保障服务事业的连续性和稳定性及加强社会凝聚力等方面更胜一筹；私营部门则在执行复杂的任务、抛弃不成功的和过时的活动、模仿其他组织的成功做法、向纷繁复杂的各色人提供需要迅速适应变化的服务事业方面往往有上佳表现；而第三部门则在完成微利或无利可图的任务、需要对他人同情和承担义务的任务、需要对顾客和委托人有完全信任的任务、需要亲自动手和对人直接关心的任务方面往往表现得更有优势②。在小城镇公共服务供给中，依据公民不断变化的需求，综合考虑各治理主体的优势和劣

---

① 孙健，田星亮.网络化治理中公民参与的实现［J］.江西社会科学，2010（5）：18-22.
② 戴维·奥斯本，特德·盖布勒.改革政府——企业精神如何改革着公共部门［M］.上海：上海译文出版社，2006.

势，在多元化的治理主体中选择一个或多个合适的主体参与到小城镇公共服务供给中来，使治理主体组合和小城镇公共服务供给种类充分匹配，达到无缝隙的对接合作。

（二）支撑机制

支撑机制，为小城镇公共服务供给主体合作网络提供基础和保障。政府、企业、非政府组织、公民个人等参与者在一个制度化的框架中要相互信任，彼此支撑，克服机会主义行为。一方面，政府要充分发挥其在网络治理主体中的核心主体地位，为其他供给主体营造良好的环境、制定有利于各供给主体参与小城镇公共服务供给的制度及政策；另一方面，企业、非政府组织、公民个人等供给主体相对于政府来说，对需求的动态性、差异性等信息反映迅速，他们应该积极地为合作网络各方提供相关信息，为各供给主体合作供给提供必要的信息资源。

（三）利益整合机制

利益整合机制，是指通过对合作网络中各供给主体利益诉求的充分整合，将其纳入合作网络的共同利益体系中。合作网络中各供给主体合作供给小城镇公共服务，实质上是多元主体为了实现公共利益而进行的复杂的动态博弈过程。除了共同的公共利益之外，各供给主体还有基于各自立场的利益诉求，因此，在追逐公共利益的过程中，我们不能忽视各利益主体对自身利益最大化的追求，要综合平衡和协调各种利益关系，实现公共利益和自身利益在公正与互惠基础上的共赢。正如詹姆斯·E.安德森所说，"为把各种不同的利益要求转化为公共利益，政府必须建立起一定的政治理念，确定一套政治标准，通过特定的方法来进行。其中强调利益的共同分享、理性相通点和相同点，以寻求和确定相关利益的相似点，以此缓解和减弱利益冲突"[①]。

（四）合作机制

合作机制，就是促使各供给主体在供给网络中协同互动供给小城镇公共服务。多元主体共同构建的合作网络没有上下级的隶属关系，也不是命令等级和科层链条的一部分。尽管网络中会出现引导的行为，却是基于共同准则

---

① 詹姆斯·E.安德森.公共决策 [M].唐亮译.北京：华夏出版社，1990.

的相互性逻辑，不是正式的权威关系。因此，合作网络的组织结构是非正式的、松散的，需要有效的合作机制来调整行动主体间的关系，动员调动各种资源，减少多元主体互动过程中所带来的不确定性，增强整体的系统优势，创造协同效应，共同分享公共治理和提供公共服务。合作网络中每个供给主体的行动都会对其他供给主体的行动策略产生影响，各供给主体之间要达成合作，事实上是一个集体行动的问题。在集体行动的议题上，存在着集体有行动和集体无作为两种结果。集体无作为是个人理性和集体理性的断裂，是非合作博弈的困境，集体有行动的逻辑则在于，通过一定的制度设计安排来激励人们为集体贡献，从而使合作各方都能从责任、知识和风险的共同承担中互利互惠。

（五）约束保障机制

约束保障机制，就是通过建立健全小城镇公共服务供给的相关网络规范、法律法规等制度，规范供给主体的行为和权责关系，同时，为合作网络各供给主体的合作提供必要的技术平台支撑，保障合作网络的顺利、高效运行。一方面，小城镇公共服务供给合作网络是多变的，供给主体时刻都在进入或退出合作网络，这就使网络具有很大的变动性，对于政府而言，必须不断完善与合作网络相关的法律规范、监管机制，而且法规政策的制定还要随着外部环境不断发展、完善；另一方面，多元主体之间合作的有效展开需要有技术平台给予物质和技术的保障。各供给主体需要打破传统的思维方式和服务理念，借助互联网信息技术设立协作平台，各供给主体可以利用这个平台实现信息交换、事项办理、材料提供等。基于互联网的快速普及推出的"一门式服务中心"、"电子政府"等应该成为公共服务供给的新常态。此外，还应定期对合作网络的协同效果进行评价，总结合作中存在的问题，积累经验，为合作网络的顺利运行保驾护航。

三、小城镇公共服务供给主体合作网络的模型

借鉴网络治理的理论和我国小城镇公共服务供给的实际情况，本书尝试性地构建了如图 6-2 所示的小城镇公共服务供给主体合作网络模型。

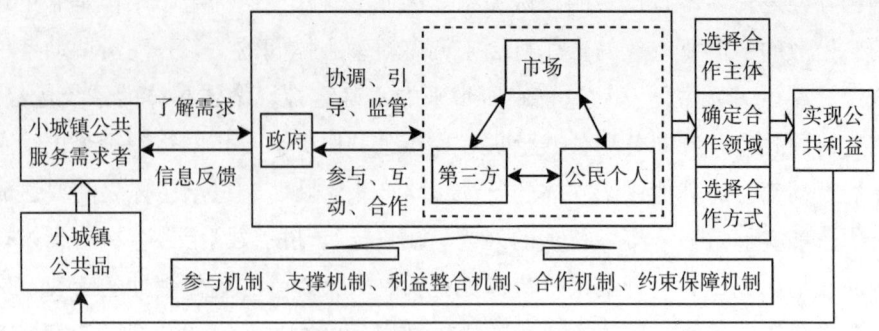

图 6-2　小城镇公共服务供给主体合作网络模型

如图 6-2 所示，在小城镇公共服务供给主体合作网络模型中，首先，小城镇居民表达他们对各类公共服务的需求，各供给主体在了解居民多样化需求的基础上，共同担负着供给各类公共服务的任务。

其次，为了满足小城镇居民多样化、复杂化的公共需求，在共同的合作目标的指导下，通过小城镇公共服务供给主体合作网络的参与机制、支撑机制、利益整合机制、合作机制、约束保障机制的作用，各供给主体形成了资源依赖、优势互补的网络化治理格局。其中，政府除了通过财政政策进行扶持以外，还应该鼓励非政府供给主体的广泛参与，积极协调非政府供给主体的相互关系，使之在有效沟通的基础上紧密合作。同时为了避免合作供给中出现损害公共利益的行为，政府应对各供给主体的行为进行必要的监督和约束。企业、第三部门、公民个人等供给主体主要发挥参与、弥补不足的作用，充分发挥各自的特点和供给优势，在政府不便做、做不好的供给领域查漏补缺，满足小城镇居民的多样化公共需求。

最后，通过良性运作的合作网络选择合作主体，确定合作领域，选择合作方式，最终实现公共利益。选择合作主体即选择一个或多个合适的主体参与到小城镇公共服务供给中来，使治理主体组合和小城镇公共服务供给种类充分匹配，达到无缝隙的对接合作；确定合作领域是使各治理主体充分发挥自己的比较优势，在合作领域进行分工，实现公共服务供给中"整体大于部分之和"的治理功效。选择合作方式则是根据小城镇公共服务供给的具体情况，因地制宜，灵活选择不同的公私合作方式，实现共同的利益目标。

第三节 多元主体合作供给公共服务的个案考察

2015年7月,笔者到江西省抚州市南丰县H镇S村调研,期间与H镇镇长、S村村党支部书记、村主任、修路理事会成员及普通村民等进行了深度访谈,旨在了解H镇S村村组公路修建过程中各供给主体在小城镇公共服务供给合作网络中的作用和地位、相互之间的协调与合作。

一、S村概况

S村地处江西省抚州市南丰县境中部偏东的H镇,距南丰县城12公里,是H镇所辖11个行政村之一,也是H镇镇政府驻地。村庄属丘陵地形,山低地平,现有耕地面积2989亩,蜜橘种植面积近万亩。S村由上街、中街、下街、毛家锻、务江、墙背、三门岭、黎家、陈家、下河、赖庄、龙乌12个自然村组成,每个自然村分为1个村民小组,12个自然村对应12个村民小组。村庄现有人口2217人,家庭户数400多户。S村是以血缘和地缘为联结纽带而形成的典型的传统村落,村民在长期的生产生活互动过程中相互熟识,事实上就是一个典型的"熟人社会"。因为村庄土地比较多,村民的生计来源主要是种植蜜橘。农闲时,农民会外出从事运输等副业以开辟新的收入来源。总体而言,村民之间的分化程度比较低。

二、S村修建村组公路的背景

"十一五"期间,党中央、国务院决定在全国实施"村村通"公路建设工程,自2006年"村村通"工程全面实施以来,全国农村公路建设成效明显,农村公路路况质量大幅提升。然而,村村通公路只是直接通到行政村,一般村委会在哪里,路就通到哪里,而行政村内自然村之间的道路状况依然如故。

"村村通"通村不通组的这种外通内不通的做法给村民生活生产带来了很多不方便，不利于农村发展。

2012年的S村也同样面临着这种困境，S村下辖的上街、中街、下街三个自然村正好位于镇政府驻地，所以村内的道路状况早已实现硬化。而其余的九个自然村的道路状况则破败不堪。我们在和S村村干部及村民交流时了解到，村民之所以对修建村组公路的积极性很高主要基于两个因素：①村民出行、孩子上学每天要经过破烂不堪、不平整的砂石路，天气晴好尚可行走，可是一到阴雨天，道路泥泞，给村民出行、孩子上学造成不便。②村民蜜橘运不出，农资化肥等运不进，收购蜜橘的车子不能开到橘林旁的道路上，村民们不得不将蜜橘一箱箱装好运送到村口，再统一装车，导致人工成本大幅增加。H镇镇长李某某在与笔者交流时表示"要想富，先修路；公路通，万事兴"的思想已深入人心，正是村民筹资筹劳修路的热情使得镇政府加快推动了S村村组公路的修建。

三、S村修建村组公路的筹资情况

由于S村的下河和龙乌两个自然村与其他七个自然村相距较远，因此村组公路的修建分为两个阶段进行，第一阶段的村组公路涉及七个村小组，自2012年底开始路基改造工程，2015年6月路面硬化完成。第二阶段的村组公路修建正在筹划中。第一阶段的村组公路全长5.8公里，路基拓宽改造工程花费155万元（路基宽度6米，路面宽度4.5米），其中，南丰县农业开发办补助资金145万元，村民自筹款10万元。路面硬化工程每公里造价35万元，花费203万元，其中，南丰县交通局每公里补助10万元，一事一议财政奖补资金20万元，其余125万元资金全部来自村民捐款和自筹资金。

四、各供给主体的角色和作用

（一）政府的角色和作用

为了推进S村村组公路的建设，地方政府作为社会公共利益的代表发挥了不可或缺的作用。第一，在村组公路的路基拓宽改造工程中，南丰县农业开发办补助资金140万元，大大减轻了村民自筹的负担。第二，南丰县交通局一方面对村组公路路面硬化每公里补助10万元，另一方面通过招投标的方式选择承建公路建设的公司，并通过验收检查等手段来监督管理承包公司，从而避免承包公司在施工过程中的偷工减料行为，保证公路建设的质量。第三，通过村级公益事业建设一事一议财政奖补项目对村组公路建设拨款投入20万元，发挥了财政资金的支持和引导作用，达到了"四两拨千斤"的效果。

（二）村落非正式组织的角色和作用

S村在修建村组公路的过程中，毛家锻、务江、墙背、三门岭、黎家、陈家、赖庄7个村民小组根据各小组农户的数量推荐理事会成员，其中毛家锻村小组农户最多，有90户，理事会成员有8人，三门岭村组最小，只有13户，理事会成员有2人，由此成立了包括会长在内共有30位成员的修路理事会。修路理事会是由村落内生的，是既无官方背景也无政府授权的非正式民间组织，它能发挥整合村民的功能。理事会成员由关心村庄公益事业、具有较强的服务精神的人组成，正如理事会会长罗某某所言："如果我们在组织村组公路的修建中搞腐败行为就对不起村民对我们的信任。"身为理事会成员的余某某也说："假公济私、中饱私囊的事我们不会干，村民对我们一百个放心。"

问及理事会在铺路过程中的作用，被访村民都认为，村修路理事会的作用是无可替代的。可以说，缺少了村修路理事会，修路这项公益事业是不可能完成的，这是村民的共识。在S村村组公路路基拓宽的过程中，要砍掉路边上的一些橘树，由于经费有限，每棵砍掉的橘树只补给村民300元。橘树是S村村民经济收入的主要来源，所以涉及橘树要被砍掉的村民都不乐意。为了使路基拓宽工作顺利进行，理事会成员主动到这些农户家中进行动员，晓之以理，动之以情。对于一些经济相对困难或者难说话的村民则偷偷地多拿点钱补助。用理事会会长罗某某的话说："没有办法啊，有些问题'一刀切'处理肯定是不行的，只有将原则性和灵活性相结合了。"另外，S村修路理事会设有专门的出纳、会计，修路的每笔开支都有明细账目，并且会定期公布经费使用情况，资金管理透明。

（三）村庄精英与普通村民的角色和作用

在政府拨款有限和村落集体资源缺乏的情况下，S村村组公路的修建离不开村民及相关人士的捐款和筹资。笔者在调研中发现，在S村修路的过程中，村干部、德高望重的老党员、修路理事会成员首先带头捐款或动员家人捐款。S村村党支部书记詹某某告诉笔者："不管捐多捐少，只有我们自己或家人带头捐款了，才好去做其他村民的工作。我的儿子在县政府开车，每月收入并不高，我儿子为了支持我的工作，捐款2000元。"

修路理事会的会长罗某某热心公益事业，村民普遍尊敬他。他告诉笔者："村庄经济能人与普通村民相比，在物质资源上拥有优势，如能动员他们在公益事业中捐资，也是一笔不少的资金来源。"S村的曾某某医学中专毕业后去广东从事药材生意，付某某在广东开了一家小型玩具加工厂，几年打拼他们都积累了一些财产，趁着他们过年回家的时间，经过罗某某的一番劝说，两位乡村精英承诺各捐资5500元。

从理事会会长罗某某的记录本上我们发现，S村的村组道路修建过程中村民的捐款总额为近10万元，其余款项则来自于普通村民的集资。笔者在访谈中了解到，大部分村民在交纳修路集资款时比较积极，希望款项到位后早日修好路。但是也有少数村民在交款过程中比较拖拉，他们总是想看看别人的反应。但是当他们看到大多数人交了集资款后，因为害怕村庄舆论的谴责，最后都选择了从众行为。正如修路理事会会长罗某某所说："修路是关乎全村的公益事业，实在有困难可以缓交，但是如果大家交了而你不交，别人会笑话你。"

综上所述，S村修建村组公路之所以成功，主要缘于以下两个方面：①各参与主体对修建村组公路的共识。规划建设村组公路，对于地方政府而言，这一举措可以提高政绩，对于当地民众，则可以改善出行环境。所以各参与主体都投入自身的优势资源，这是网络治理成功的前提和基础。②各参与主体在修建村组公路过程中的协调与互动。在合作过程中，各参与主体积极沟通，并且就合作过程中产生的利益分歧积极协调与互动，这是网络治理成功的关键。

第四节 本章小结

本章基于网络治理的相关理论，探讨了小城镇公共服务供给主体的合作网络及其运行，并且选取江西省抚州市南丰县 H 镇 S 村村组公路修建的过程作为多元主体合作供给公共服务的典型个案，分析和检验小城镇公共服务供给主体的合作网络运行过程。本章的基本结论包括以下几点：

（1）我国小城镇公共服务供给主体中，核心主体是政府，参与主体是企业，而非政府组织和公民个人分别是网络化治理的第三种力量和网络化治理的重要补充。

（2）要保证小城镇公共服务供给主体合作网络顺利运行，就需要重视以下各个方面：遴选各供给主体的参与机制、保证合作网络有效运行的支撑机制、协调不同供给主体利益的利益整合机制、调整各供给主体行为的合作机制、规范各供给主体权责的约束保障机制。

（3）江西省抚州市南丰县 H 镇 S 村村组公路修建成功的案例，进一步证明了在实现公共利益的过程中，小城镇公共服务供给主体合作网络是能够有效运行的。

第七章 小城镇公共服务供给结构优化的对策建议

发展小城镇，对于推进新型城镇化，统筹城乡发展，带动经济和社会发展意义重大。本章结合我国的现实国情，依据本书的研究结论，探讨小城镇公共服务供给的基本原则，提出优化小城镇公共服务供给结构的政策建议。

第一节 现阶段我国小城镇公共服务供给的基本原则

在对如何完善小城镇公共服务供给结构开出"药方"之前，首先必须明确我国现阶段小城镇公共服务供给的基本原则。

一、统筹协调，区域联动

小城镇公共服务供给是一项系统工程，只有在较大范围内统筹协调和安排，才能有效降低公共服务的供给成本，提高供给效率，从而实现规模经济效益。大多数小城镇规模较小，如果在公共服务的供给中各自为营，采取小而全的供给模式，不仅会造成资源浪费，使得公共服务供给的难度增加，而且还会由于达不到一定的规模而降低供给效率，制约小城镇的进一步发展。因此，小城镇公共服务的供给需要统筹规划，加强不同镇域、省域、区域间的协商沟通、合作交流，充分发挥财政行为的空间经济效应和空间带动作用，形成联动局面，促进不同镇域、省域、区域间公共服务供给的互动共享，进而推进小城镇公共服务供给的区域均衡协调发展。

二、因地制宜，科学规划

我国幅员辽阔，小城镇数量众多，由于地理位置和政治、经济和文化的差异，塑造出了各具特色、不同层级的小城镇。因此，针对不同地区、不同规模、不同特点的小城镇，不可能建立完全统一的公共服务供给模式，必须科学规划、因地制宜地确立发展思路，对不同的地区在公共服务的供给内容上应有所差异。从第五章第二节的分析可以看出，双强型地区和经济发展优于公共服务供给型地区，经济相对发达，由于居民的基本生活要求已得到满足，他们主要倾向于能够提高其生活质量的公共服务，所以这类地区应以文化娱乐、福利保障类公共服务供给为主，而双弱型地区和公共服务供给优于经济发展型地区，经济发展水平相对落后，这类地区则应主要集中在基础设施类公共服务的供给上。

三、创新机制，注重绩效

由于政府财力有限，在小城镇公共服务供给过程中，单靠政府供给很难满足小城镇居民日益增长的公共服务需求。因此，中央和地方各级财政一方面要努力增加资金支持小城镇的发展，另一方面应该大力推进体制、机制和制度创新，消除政策体制障碍，采取更加有力的政策和措施，开辟新的资金注入渠道，引导、鼓励社会各方面资金供给小城镇公共服务，形成小城镇公共服务多元供给主体紧密合作协同供给的合作网络，保证有效供给小城镇公共服务。在此基础上，还要不断完善合作网络的参与机制、支撑机制、利益整合机制、合作机制、约束保障机制，提高合作网络绩效。

第二节 优化小城镇公共服务供给结构的对策建议

结合前文对我国小城镇公共服务供给结构的研究，本书提出如下政策建议：促进经济增长，实现小城镇公共服务供给可持续、协调发展；加强省域之间的互动与合作，形成地区间小城镇公共服务供给联动局面；动态、灵活地调整小城镇公共服务供给内容；发挥政府引导作用，构建和完善小城镇公共服务供给主体合作网络。

一、促进经济增长，实现小城镇公共服务供给可持续、协调发展

依据本书第四章第一节的实证分析，从 2007 年、2009 年、2011 年和 2012 年四年小城镇公共服务供给水平的综合得分来看，30 个省份（西藏及港澳台地区之外）小城镇公共服务供给水平呈现出两极分化的发展趋势，小城镇公共服务供给较充分的区域主要集中在东部发达地区和部分中部地区，小城镇公共服务供给较贫乏的区域主要集中在财政水平较低、资源相对贫乏的东北和西部地区。因此，要改变这种状况，本书认为主要从两个方面着手改进：

（一）大力发展经济，为小城镇公共服务供给提供原动力

众所周知，公共服务建设与经济发展是相辅相成、相互促进的，要妥善处理好二者的关系。一方面，各类小城镇公共服务为小城镇经济发展注入了强劲的动力。基础设施类公共服务具有典型的外部正效应，可以为生产部门的扩张提供支撑；医疗卫生、教育类公共服务，有助于增加人力资本积累，从而提高经济效益；社会保障类公共服务有助于减少居民的预防性储蓄，促进消费，扩大内需，提高经济增长的可持续性。总而言之，小城镇公共服务供给水平的提高有助于人口、产业、资金和技术等各类资源的集聚，对带动

地区经济增长、提高经济增长质量具有明显的促进作用。另一方面，经济增长是小城镇公共服务供给的基础和源泉。没有可靠的财政保障，政府的公共服务供给便无从谈起，经济发展水平的提高能有效改善政府的财政状况，为小城镇公共服务建设提供支持，从而促进小城镇公共服务供给水平的提升。可见，经济发展与小城镇公共服务供给是相互作用、相得益彰的，两者拥有共赢的空间。

（二）实施倾斜政策，改善落后地区小城镇公共服务供给

应进一步加快东北和西部地区小城镇公共服务供给的步伐，有效促进落后地区小城镇公共服务供给的逐步改善，缩小地区差异，促进小城镇公共服务供给的协调均衡发展。目前，我国东部地区小城镇公共服务供给水平相对较高，而东北和西部地区小城镇公共服务供给水平相对较低。根据经济学中的边际效用递减规律，相同的财政支出投入对东北及西部地区的小城镇产生的经济效益要远远超过东部地区。因此，实施政策倾斜，提供财政支持，改善落后地区小城镇公共服务供给的水平，可以增加落后地区对流动性要素的吸引力，有利于产业迁移和人口流动，缓解东部地区小城镇的负担，缩小地区经济发展的差距。

二、加强省域之间的互动与合作，形成地区间小城镇公共服务供给联动局面

依据本书第四章第三节的实证分析，从2007年、2009年、2011年和2012年四年全局莫兰指数的测算发现，小城镇的公共服务供给在空间分布上具有明显的空间正相关关系，四年全局莫兰指数变化表明各省份小城镇公共服务供给水平的正相关程度在波动中日益增强，空间集聚现象越来越显著。因此，要充分重视省域之间小城镇公共服务供给的空间溢出效应，加强邻近省域之间的小城镇公共服务供给互动与合作，形成地区间小城镇公共服务供给的联动局面。小城镇公共服务的空间集聚扩散效应使得地方政府间为了争夺要素资源的流入展开博弈竞争，地方政府财政支出之间的策略互动行为会导致本省份的小城镇公共服务供给行为受到相邻省份的小城镇公共服务供

行为的影响，进而改变省域小城镇公共服务供给的投入规模和配置效率。因此，在制定小城镇公共服务供给政策时，对省域之间小城镇公共服务供给的横向交互影响要给予重视，要建立区域统筹协调的小城镇公共服务供给分工和合作机制。通过小城镇公共服务供给的空间带动作用和空间辐射效应，影响和改变商品及要素空间流动的方向，提高区域经济空间分布的配置效率，实现区域经济结构的优化和区域经济的持续增长。

三、动态、灵活地调整小城镇公共服务供给内容

依据本书第五章第一节的实证分析，在地理空间权重矩阵和经济空间权重矩阵两种不同矩阵下，使用空间计量经济学方法，根据各项公共服务对小城镇人口城镇化率的决定作用及其贡献大小，得到了小城镇公共服务供给的优先序：文化娱乐、教育、基础设施、社会保障和医疗卫生。这个小城镇公共服务供给优先序是基于全国30个省（西藏及港澳台地区之外）2007年、2009年、2011年和2012年的空间截面数据得出的结论，为小城镇公共服务供给内容的调整提供了一个整体思路。而本书第五章第二节的分析表明不同地区小城镇居民对公共服务的需求优先序是存在差异的，公共服务供给与经济发展双强匹配型地区的居民对公共服务的需求优先序为医疗卫生、文化娱乐、教育、社会保障、基础设施。公共服务供给与经济发展双弱匹配型地区的需求优先序为：基础设施、医疗卫生、教育、社会保障、文化娱乐。经济发展领先于公共服务供给型地区的需求优先序为：文化娱乐、教育、医疗卫生、社会保障、基础设施。公共服务供给领先于经济发展型地区的需求优先序为：基础设施、教育、医疗卫生、社会保障、文化娱乐。

基于城镇化贡献率和居民需求二维视角结合的小城镇公共服务供给排序结果表明，公共服务供给与经济发展双强匹配型地区的供给优先序为：文化娱乐、医疗卫生、教育、社会保障、基础设施。公共服务供给与经济发展双弱匹配型地区的供给优先序为：基础设施、教育、医疗卫生、文化娱乐、社会保障。经济发展领先于公共服务供给型地区的供给优先序为：文化娱乐、教育、医疗卫生、社会保障、基础设施。公共服务供给领先于经济发展型地

区的供给优先序为：基础设施、教育、文化娱乐、医疗卫生、社会保障。

所以在小城镇公共服务的供给中，包括政府在内的各供给主体应该根据各地区经济发展的差异，灵活地调整小城镇公共服务供给的优先序，使小城镇公共服务供给与需求有效衔接。在经济发展程度相对发达的地区（包括公共服务供给与经济发展双强匹配型地区和经济发展领先于公共服务供给型地区）可相对减少水、电、气、路等基础性公共服务的供给，加大对文化娱乐、医疗卫生等公共服务的供给。而在经济发展程度相对落后的地区（包括公共服务供给与经济发展双弱匹配型地区和公共服务供给领先于经济发展型地区）则要关注基础设施类公共服务的改进和完善，提高当地居民对公共服务供给的满意度。

四、发挥政府引导作用，构建和完善小城镇公共服务供给主体合作网络

依据本书第六章的分析，从传统的公共服务供给迈向网络化的公共服务供给，需要各治理主体把握各方利益的结合点、联系点和生长点，共商、共建、共治和共享公共服务供给的合作网络，促进网络治理目标的实现。主要措施如下：

（一）创造参与条件，培育发展壮大网络参与主体

要想提升现行的小城镇公共服务供给水平，突破发展瓶颈，以满足居民的个性化、异质性公共服务需求，在强化政府职能的同时，还要积极探索小城镇公共服务建设的投融资体制，创新投融资渠道，充分发挥企业、非政府组织、公民个人在资源整合、配置方面的特有优势。通过营造有利于各类主体参与小城镇公共服务供给的人文社会环境，吸引具有投资意愿、具备投资能力的企业、非政府组织和公民个人以多种方式、多种渠道投资小城镇基础设施、教育、医疗卫生等公用事业，走出一条在政府引导下依靠多元化的投资主体建设小城镇的路子。

（二）制定网络规则，提升网络成员管理网络的能力

虽然小城镇供给主体合作网络倡导政府力量、市场力量、社会力量以及

公民自身力量等多元主体的参与，但是并非任何一个治理主体都可以自由进入合作网络，必须制定进入网络的规则和准入政策，筛选那些致力于合作网络的构建和运行而努力工作的治理主体。此外，小城镇公共服务供给主体合作网络需要有效的管理来调适各治理主体彼此间的关系，当然，网络管理者既可由政府承担，也可由其他治理主体承担，在网络建构之初，政府由于具备天然的权威和公信力等特质被视为最合格的管理者，随着合作网络的运行，政府可以逐步引导其他治理主体参与到合作网络的管理中来，这就需要政府投入一定的资源，承担培训和提升各治理主体网络管理能力所需要的建设成本。通过各治理主体卓越的管理才能和能力实现合作网络的有效运转。

（三）重视网络绩效，建立科学的网络绩效评估体系

合作网络中各治理主体通过直接联系，形成多点对多点的网状结构，并依托网络绩效使网络长效运转。应该说合作网络绩效是所有治理主体追求的共同目标，是个体组织参与者无法通过单独行动而获得的良好的网络产出。网络绩效充分体现了注重过程和追求结果的治理理念，是公共服务网络化供给得以存在运行的基础。为了对绩效目标的实现程度及效果实施评价与考核，需要建立科学、规范的绩效评价指标体系。这一指标体系至少要包括以下三方面[①]：一是居民满意度指标。小城镇居民作为公共服务的直接感受者，对合作网络绩效的评价最具发言权，通过科学的调查技术和方法获取小城镇居民对公共服务质量和数量感知的信息，以便了解小城镇居民的需求以及公共服务供给政策的实施效果。二是公共服务的投入产出效率指标。公共服务的投入产出效率是指公共服务效果与其消耗的投入资源之间的投入产出关系，为了在有限的公共服务投入基础上达到最优的效果，改善公共服务投入产出效率不失为一种解决之道。三是网络目标的达成指标。将当期经济效益或社会效益水平与其预先设定的网络目标标准进行对比分析，考核合作网络构建的实施效果。

---

① 谢俊义.公共网络管理：台北市政府户政业务跨机关服务传递协力合作网络实证研究［D］.台北：台湾政治大学博士学位论文，2009.

第三节 本章小结

结合本书的研究结论，本章提出优化小城镇公共服务供给结构的对策建议：

（1）现阶段我国小城镇公共服务供给的基本原则包括：统筹协调，区域联动；因地制宜，科学规划；创新机制，注重绩效。

（2）我国小城镇公共服务供给结构优化的对策建议包括四方面：一是促进经济增长，实现小城镇公共服务供给可持续、协调发展。二是加强省域之间的互动与合作，形成地区间小城镇公共服务供给联动局面。三是动态、灵活地调整小城镇公共服务供给内容。四是发挥政府引导作用，构建和完善小城镇公共服务供给主体合作网络，具体措施包括创造参与条件，培育发展壮大网络参与主体；制定网络规则，提升网络成员管理网络的能力；重视网络绩效，建立科学的网络绩效评估体系。

第八章 研究结论、不足与展望

基于本书的研究,可以得到相关结论。同时,由于各种主客观条件的限制,本书还可能存在一些不足之处。沿着本书的研究轨迹继续推进,可以展开更为深入的研究。本章为全书的研究结论及对未来的研究展望。

第一节 研究结论

小城镇是统筹城乡发展的空间节点,在城镇结构体系中具有基础性的地位。而公共服务供给深刻影响着小城镇各类资源和产业的集聚能力,对推进城镇化和统筹城乡发展至关重要。根据现有国情,公共服务供给的总量不足是长期存在的,当前最迫切的问题是公共服务结构失衡。基于以上背景,本书围绕小城镇公共服务供给结构进行论证。本书完成了如下的研究工作:首先,描述小城镇公共服务供给结构的现状,分析存在的问题,以我国小城镇公共服务供给存在区域结构失衡、内容结构失衡及主体结构失衡的问题作为研究的现实出发点。其次,从三个维度展开研究:基于空间关联效应的小城镇公共服务供给区域结构分析,基于城镇化贡献率及居民需求的小城镇公共服务供给内容结构分析,基于网络治理理论的小城镇公共服务供给主体结构分析。最后,将三方面的研究结论汇集,得到优化小城镇公共服务供给结构的政策建议。故本书的研究工作可以简述为"一个现实出发点"(分析小城镇公共服务供给结构问题)、"三个维度的供给结构研究"(供给区域结构、内容结构、主体结构)、回到"一个现实归宿点"(提出优化小城镇公共服务供给结构的政策建议)。

本书的基本结论如下：

(1) 提出"一个现实出发点"：对我国小城镇公共服务供给结构现状的分析表明，我国的小城镇公共服务供给存在区域结构失衡、内容结构失衡及主体结构失衡等方面的问题，这是本书展开研究的现实出发点。

(2) "三个维度的供给结构研究"：

第一，基于空间关联效应的小城镇公共服务供给区域结构分析表明：

一是通过主成分分析的测量结果可以发现，2007年、2009年、2011年和2012年四年间，15个省（直辖市、自治区）小城镇公共服务供给依托其政策、资源等优势，公共服务供给水平有所改善并呈现出上升态势；而另外15个省（直辖市、自治区）的小城镇公共服务供给有所下滑，呈现出下降态势，这一结果可能缘于这些省（直辖市、自治区）没有把握发展的机遇。总体而言，30个省（直辖市、自治区）小城镇公共服务水平差距悬殊，呈现出两极分化的发展趋势。

二是通过对2012年我国小城镇公共服务供给数据进行聚类分析的结果可以发现，小城镇公共服务供给的较高水平区域主要集中在东部和部分中部地区，而小城镇公共服务供给的低水平区域则主要集中在东北和西部地区，这充分说明了小城镇公共服务供给水平与当地的经济发展水平息息相关。

三是通过全局莫兰指数的测算发现，2007年、2009年、2011年和2012年四年间，各省小城镇公共服务供给水平存在空间正相关，局域莫兰指数进一步揭示出，高水平集聚的省份大部分集中在东部地区和部分中部地区，而低水平集聚的省份主要集中在我国的东北和西部地区，这也进一步印证了聚类分析的结果。

第二，基于城镇化贡献率及居民需求的小城镇公共服务供给内容结构分析表明：

一是依据基础设施、教育、医疗卫生、社会保障及文化娱乐五大类公共服务对城镇化水平的贡献大小，我们得到的排序结果是：文化娱乐、教育、基础设施、社会保障和医疗卫生。

二是依据公共服务需求意愿调查问卷，公共服务供给与经济发展双强匹配型地区的居民对公共服务的需求优先序为：医疗卫生、文化娱乐、教育、社会保障、基础设施。公共服务供给与经济发展双弱匹配型地区的需求优先序为：基础设施、医疗卫生、教育、社会保障、文化娱乐。经济发展领先于公共服务供给型地区的需求优先序为：文化娱乐、教育、医疗卫生、社会保障、基础设施。公共服务供给领先于经济发展型地区的需求优先序为：基础设施、教育、医疗卫生、社会保障、文化娱乐。

三是基于城镇化贡献率和居民需求二维视角结合的小城镇公共服务供给排序结果表明：公共服务供给与经济发展双强匹配型地区的供给优先序为：文化娱乐、医疗卫生、教育、社会保障、基础设施。公共服务供给与经济发展双弱匹配型地区的供给优先序为：基础设施、教育、医疗卫生、文化娱乐、社会保障。经济发展领先于公共服务供给型地区的供给优先序为：文化娱乐、教育、医疗卫生、社会保障、基础设施。公共服务供给领先于经济发展型地区的供给优先序为：基础设施、教育、文化娱乐、医疗卫生、社会保障。

第三，基于网络治理理论的小城镇公共服务供给主体结构分析表明：

一是我国小城镇公共服务供给主体中，核心主体是政府，参与主体是企业，而非政府组织和公民个人分别是网络化治理的第三种力量和网络化治理的重要补充。要保证小城镇公共服务供给主体合作网络顺利运行，就需要重视以下各个方面：遴选各供给主体的参与机制、保证合作网络有效运行的支撑机制、协调不同供给主体利益的利益整合机制、调整各供给主体行为的合作机制、规范各供给主体权责的约束保障机制。

二是江西省抚州市南丰县H镇S村村组公路修建成功的案例，进一步证明了在实现公共利益的过程中，小城镇公共服务供给主体合作网络是能够有效运行的。

（3）回到"一个现实归宿点"：结合本书的研究结论，提出优化小城镇公共服务供给结构的政策建议。包括：促进经济增长，实现小城镇公共服务供给可持续、协调发展；加强省域之间互动与合作，形成地区间小城镇公共服务供给联动局面；动态、灵活地调整小城镇公共服务供给内容；发挥政府引导作用，构建和完善小城镇公共服务供给主体合作网络。

第二节 研究不足与展望

由于各种主客观条件的限制，本书还可能存在以下不足之处，这也是未来进一步研究的方向。

（1）由于受统计数据资料的限制，在分析各种影响因素对小城镇人口城镇化率的决定作用及其贡献大小时，本书运用了基于空间截面数据的空间计量模型，尚未使用基于空间面板数据的空间计量模型，这也是本书研究有待深入的方向。

（2）受课题时间和个人精力的限制，本书选择了全国八个省份进行小城镇居民公共服务需求问卷调查，尚未在全国大范围进行问卷调研，将来在本书研究的基础上，可以进一步扩充样本数量，以更为翔实、更为丰富的数据支撑对小城镇公共服务供给结构的研究。

（3）本书实证分析小城镇公共服务供给内容结构时，仅仅选择了城镇化贡献率和居民需求这两个相对重要的视角，尚未从小城镇公共服务供给的公平性视角和相互关系的视角进行考察，将来应该进一步深入和拓展多视角的研究。

附 录

附录一 小城镇公共服务需求状况调查表

调研地点：_____省_____县_____镇

调研对象联系电话：_____

尊敬的小城镇居民朋友：

您好！

非常感谢您愿意接受本次调查，在调查中，我们旨在了解您对于公共服务的想法，本次调查结果只做学术研究之用，不做其他用途。谢谢您的支持与合作。我们将赠送一支牙刷以示感谢！

1. 您的性别？ A. 男　　B. 女

2. 您的年龄？（　　）岁

3. 您的文化程度是？

A. 小学及以下　　　　　　　　B. 初中

C. 高中/中专　　　　　　　　　D. 大专及以上

4. 您的月收入？

A. 2000 元以下　　　　　　　　B. 2000~4000 元

C. 4000~6000 元　　　　　　　D. 6000 元以上

5. 您认为最需要改善的道路设施是？（单选题）

A. 镇上的道路　　　　　　　　B. 镇与镇之间的道路

C. 镇区到县城的道路　　　　D. 村组到镇上的道路

6. 您认为镇上的公共交通存在的主要问题有哪些？（限选三项）

A. 车辆班次少　　　　　　　B. 不准时发车

C. 路线不合理　　　　　　　D. 乘务人员服务质量差

E. 安全事故多　　　　　　　F. 其他_____

7. 您认为镇上的饮用水存在的最主要问题是？（单选题）

A. 水质不好　　　　　　　　B. 水费太高

C. 经常断水　　　　　　　　D. 维修不及时

E. 没问题

8. 您认为镇上居民用电存在的最主要问题是？（单选题）

A. 电压不稳　　　　　　　　B. 电费太高

C. 经常断电　　　　　　　　D. 维修不及时

E. 没问题

9. 您希望信息服务（手机、网络）向哪方面改进？（限选两项）

A. 增加服务网点　　　　　　B. 降低服务价格

C. 提高手机信号质量　　　　D. 增加公共区域无线局域网覆盖

E. 提高宽带速度

10. 镇上有没有专门的生活垃圾回收点？（单选题）

A. 有　　　　　　　　　　　B. 没有

11. 您认为镇上的医疗卫生服务存在哪些问题？（限选三项）

A. 医疗条件差　　　　　　　B. 医疗水平低

C. 服务态度不好　　　　　　D. 药品太贵

E. 检查太多　　　　　　　　F. 乱收费

12. 您最希望镇上增设的医疗机构是？（单选题）

A. 镇医院　　　　　　　　　B. 社区卫生站

C. 私人诊所　　　　　　　　D. 连锁药店

E. 其他_____

13. 您认为镇上的学校（主要指幼儿园、小学、中学）还有哪些方面需要改进？（限选三项）

　　A. 教师水平　　　　　　　B. 教学设备

　　C. 教学态度　　　　　　　D. 住宿条件

　　E. 伙食条件

14. 您希望镇上增加哪类教育设施？（单选题）

　　A. 幼儿园　　　　　　　　B. 小学

　　C. 初中　　　　　　　　　D. 高中

　　E. 专业培训机构等

15. 您了解政府开展的养老保险政策吗？（单选题）

　　A. 非常了解　　　　　　　B. 比较了解

　　C. 了解较少　　　　　　　D. 不了解

16. 现在政府正在启动养老金并轨改革，对此您的看法是？（单选题）

　A. 很好，是为人民的利益着想，有利于人民过上幸福的生活

　B. 出台政策过多，不明白国家的态度

　C. 没什么用处，形式主义严重

　D. 没了解过这些政策，没什么看法

17. 您平时最主要的娱乐活动是？（限选三项）

　　A. 看电视或上网　　　　　B. 运动

　　C. 聚会或聊天　　　　　　D. 打牌或打麻将

　　E. 学习或看书　　　　　　F. 看电影或唱歌

　　G. 其他_____

18. 您希望镇区配备的休闲娱乐设施有哪些？（限选三项）

　　A. 体育场　　　　　　　　B. 休闲广场

　　C. 影剧院　　　　　　　　D. 图书馆

　　E. 文化活动中心　　　　　F. 公园

19. 总体而言，您对本镇供给的公共服务感觉如何？（单选题）

　　A. 非常满意　　　　　　　B. 比较满意

　　C. 一般　　　　　　　　　D. 不太满意

E. 很不满意

20. 请您对以后各项公共服务按需求的先后次序排序？（最需要的排在第一位，以此类推）

项目	序号
教育（幼儿园、中小学、专业培训机构等）	
医疗卫生（医疗服务及各种医疗设施等）	
文化娱乐（图书馆、文化活动中心、休闲广场、公园等）	
社会保障（养老服务及设施）	
基础设施（道路、燃气、通信、供水、供电等）	

附录二 2007年、2009年、2011年小城镇公共服务供给水平评价过程

一、2007年小城镇公共服务供给的相关数据运用主成分分析的主要步骤

1. 数据正向化和标准化处理

2007年构建的小城镇公共服务供给评价指标全部为正指标。由于小城镇公共服务的各项评价指标分别具有不同的量纲和量级，如果直接采用原始值就会造成偏差，因此我们选择标准化方法对原始指标进行无量纲化处理。

2. 判定指标体系可降维

设 p 维原始指标体系变量为 $X = (x_1, x_2, \cdots, x_p)'$。标准化处理后的矩阵为 $X^* = (x_1^*, x_2^*, \cdots, x_p^*)'$。如果变量间有相关系数的绝对值 ≥ 0.8，则可对指标体系进行降维处理。运用 SPSS 19.0 进行处理，如附表1相关系数矩阵所示，x_7^* 与 x_3^*、x_9^*、x_{10}^*、x_{11}^* 之间的相关系数分别为 0.831、0.907、0.902、0.829，

说明可以对数据降维。

附表 1 相关系数矩阵

变量	x_1^*	x_2^*	x_3^*	x_4^*	x_5^*	x_6^*	x_7^*	x_8^*	x_9^*	x_{10}^*	x_{11}^*
x_1^*	1.000	0.648	0.551	0.635	0.366	0.073	0.476	0.373	0.573	0.444	0.419
x_2^*	0.648	1.000	0.511	0.849	0.378	0.021	0.578	0.417	0.714	0.493	0.559
x_3^*	0.551	0.511	1.000	0.591	0.738	0.446	0.831	0.718	0.775	0.797	0.641
x_4^*	0.635	0.849	0.591	1.000	0.569	0.222	0.622	0.494	0.745	0.607	0.726
x_5^*	0.366	0.378	0.738	0.569	1.000	0.532	0.706	0.530	0.602	0.853	0.619
x_6^*	0.073	0.021	0.446	0.222	0.532	1.000	0.522	0.219	0.301	0.489	0.366
x_7^*	0.476	0.578	0.831	0.622	0.706	0.522	1.000	0.560	0.907	0.902	0.829
x_8^*	0.373	0.417	0.718	0.494	0.530	0.219	0.560	1.000	0.545	0.616	0.571
x_9^*	0.573	0.714	0.775	0.745	0.602	0.301	0.907	0.545	1.000	0.812	0.788
x_{10}^*	0.444	0.493	0.797	0.607	0.853	0.489	0.902	0.616	0.812	1.000	0.825
x_{11}^*	0.419	0.559	0.641	0.726	0.619	0.366	0.829	0.571	0.788	0.825	1.000

3. 判定主成分 F_1, F_2, $\cdots$, F_k 有较为清楚的解释

如附表 2 所示，列数 s = 1 时，初始因子载荷阵 A_1^0（附表 2 A_4^0 的第 1 列）达到简单结构。从多个不同列的旋转后因子载荷阵中挑选（附表 3 频数的第 2~6 列），m = 1 时，旋转后因子载荷阵 $A_1^0 \Gamma_1$ 达到简单结构。

附表 2 因子载荷阵（成分矩阵）

变量	A_4^0（初始因子载荷阵、主成分载荷阵）				$A_1^0 \Gamma_1$（旋转后因子载荷阵）
	1	2	3	4	1
x_1	0.635*	−0.491	0.071	0.502*	0.635
x_2	0.717*	−0.582	0.154	−0.044	0.717
x_3	0.881*	0.138	−0.222	0.204	0.881
x_4	0.817*	−0.379	0.185	−0.032	0.817
x_5	0.797*	0.344	−0.011	0.124	0.797
x_6	0.459	0.689*	0.369	0.257	0.459
x_7	0.925*	0.168	0.089	−0.133	0.925
x_8	0.699*	0.04	−0.643*	0.045	0.699

续表

变量	A_4^0（初始因子载荷阵、主成分载荷阵）				$A_1^0\Gamma_1$（旋转后因子载荷阵）
	1	2	3	4	1
x_9	0.911*	−0.124	0.076	−0.17	0.911
x_{10}	0.915*	0.248	−0.027	−0.109	0.915
x_{11}	0.860*	0.036	0.058	−0.362	0.860

注：* 表示因子载荷值大于显著相关的临界值。

如附表 3 所示，由附表 2 的 A_1^0 得到附表 3 频数的第 1 列，附表 3 频数的第 1 列和第 2 列表明 A_1^0 和 $A_1^0\Gamma_1$ 是一致的简单结构，故主成分为较为清楚的解释。

附表 3　因子载荷阵每行元素最大绝对值靠近 1 频数表

每行因子载荷最大绝对值区间	频数					
	A_1^0	$A_1^0\Gamma_1$	$A_2^0\Gamma_2$	$A_3^0\Gamma_3$	$A_4^0\Gamma_4$	$A_t^0\Gamma_t$, t = 5~11
>0.9	3	3				
0.8~0.9	3	3				
0.7~0.8	2	2				
0.6~0.7	2	2	1	1		
0.5~0.6	1	1	1		1	
0.4~0.5			1			
<0.4			8	10	10	11
合计	11	11	11	11	11	11

4. 确定主成分个数 k

假设变量是正态分布，1% 的显著水平下，当样本个数为 30 时，显著相关的临界值是 r(n − 2) = r(28) = 0.463①。对于初始因子载荷阵 $A_n^0 = \{|a_{ij}|\}$，n = 11，对照附表 2（附表 2 列出了初始因子载荷阵的前 4 列）中各列的因子

---

① 茆诗松等. 概率论与数理统计 [M]. 北京：中国统计出版社，2000.

载荷,有:

对于因子 1 (附表 2 第 1 列), $\max\{|a_{i1}|\} = 0.925 > r(n-2) = 0.463$;

对于因子 2 (附表 2 第 2 列), $\max\{|a_{i2}|\} = 0.689 > r(n-2) = 0.463$;

对于因子 3 (附表 2 第 3 列), $\max\{|a_{i3}|\} = 0.643 > r(n-2) = 0.463$;

对于因子 4 (附表 2 第 4 列), $\max\{|a_{i4}|\} = 0.502 > r(n-2) = 0.463$;

而对于因子 5~11 (第 5~11 列), 均有 $\max\{|a_{ij}|\} < r(n-2) = 0.463$。

由此,主成分 F_1, F_2, F_3, F_4 与 X^* 显著相关,故 $k = 4$,累计方差率为 87.721% (见附表 4)。

附表 4 解释的总方差

成分	初始特征值			提取平方和载入		
	合计	方差的 (%)	累计 (%)	合计	方差的 (%)	累计 (%)
1	6.958	63.252	63.252	6.958	63.252	63.252
2	1.443	13.114	76.366	1.443	13.114	76.366
3	0.680	6.180	82.547	0.680	6.180	82.547
4	0.569	5.174	87.721	0.569	5.174	87.721
5	0.419	3.807	91.528	0.419	3.807	91.528
6	0.373	3.388	94.916	0.373	3.388	94.916
7	0.276	2.506	97.421	0.276	2.506	97.421
8	0.131	1.194	98.615	0.131	1.194	98.615
9	0.090	0.815	99.43	0.090	0.815	99.430
10	0.039	0.353	99.784	0.039	0.353	99.784
11	0.024	0.216	100	0.024	0.216	100

5. 计算各主成分的得分及综合主成分的得分

根据公式 $F_j = \sum_{i=1}^{p} \frac{a_{ij}}{\sqrt{\lambda_j}} x_i^*$,用标准化变量 x_i^* 以及初始因子载荷 a_{ij} 计算各主成分的得分:

$F_1 = 0.241x_1^* + 0.272x_2^* + 0.334x_3^* + 0.310x_4^* + 0.302x_5^* + 0.174x_6^* + 0.351x_7^* + 0.265x_8^* + 0.345x_9^* + 0.347x_{10}^* + 0.326x_{11}^*$

$$F_2 = -0.409x_1^* - 0.484x_2^* + 0.115x_3^* - 0.316x_4^* + 0.286x_5^* + 0.574x_6^* + 0.140x_7^* + 0.033x_8^* - 0.103x_9^* + 0.206x_{10}^* + 0.030x_{11}^*$$

$$F_3 = 0.086x_1^* + 0.187x_2^* - 0.269x_3^* + 0.224x_4^* - 0.013x_5^* + 0.447x_6^* + 0.108x_7^* - 0.780x_8^* + 0.092x_9^* - 0.033x_{10}^* + 0.070x_{11}^*$$

$$F_4 = 0.665x_1^* - 0.058x_2^* + 0.270x_3^* - 0.042x_4^* + 0.164x_5^* + 0.341x_6^* - 0.176x_7^* + 0.060x_8^* - 0.225x_9^* - 0.145x_{10}^* - 0.480x_{11}^*$$

在确定各主成分所占权重时，采用指标权重的归一化处理，即所有指标的权重之和为1，如式（1）所示：

$$\omega_i = \lambda_i / \sum_{i=1}^{4} \lambda \qquad (1)$$

$$F_{综} = \omega_1 F_1 + \omega_2 F_2 + \omega_3 F_3 + \omega_4 F_4 = 0.721 F_1 + 0.150 F_2 + 0.070 F_3 + 0.059 F_4$$
$$= 0.158x_1^* + 0.133x_2^* + 0.255x_3^* + 0.189x_4^* + 0.269x_5^* + 0.263x_6^* + 0.271x_7^* + 0.145x_8^* + 0.227x_9^* + 0.270x_{10}^* + 0.216x_{11}^*$$

2007年30个省（直辖市、自治区）主成分得分及排名、综合得分及排名情况如附表5所示。

附表5 2007年各省（直辖市、自治区）主成分得分及排名和综合得分及排名

省（直辖市、自治区）	F_1		F_2		F_3		F_4		综合得分	排名
	得分	排名	得分	排名	得分	排名	得分	排名		
北京	1.278	8	-1.659	29	0.035	16	1.242	1	0.749	10
天津	1.778	6	-0.273	16	0.356	9	0.773	5	1.311	6
河北	1.006	10	1.626	2	-0.206	21	0.433	10	0.980	8
山西	0.384	14	1.545	4	0.583	7	0.374	12	0.571	12
内蒙古	-4.080	30	0.083	13	-0.679	28	-1.531	29	-3.068	30
辽宁	-0.965	20	0.079	14	-0.200	20	-0.412	24	-0.722	20
吉林	-2.755	25	-0.170	15	-0.380	25	-0.220	18	-2.051	25
黑龙江	-2.844	26	-0.493	19	-0.595	27	0.123	16	-2.159	26
上海	7.425	1	-1.646	28	0.782	5	-2.025	30	5.043	1
江苏	6.003	2	-0.836	23	-2.944	30	0.140	13	4.004	2
浙江	2.282	4	0.178	12	-0.115	19	-1.175	28	1.595	5

续表

省（直辖市、自治区）	F_1		F_2		F_3		F_4		综合得分	排名
	得分	排名	得分	排名	得分	排名	得分	排名		
安徽	0.632	12	1.612	3	−0.242	22	−0.545	26	0.648	11
福建	0.490	13	−0.648	21	0.929	3	0.442	9	0.348	14
江西	−0.537	19	0.751	8	0.479	8	−0.331	23	−0.261	18
山东	2.070	5	1.112	6	0.090	13	0.598	7	1.700	4
河南	2.552	3	3.726	1	0.873	4	0.096	17	2.464	3
湖北	−0.452	17	−1.098	25	0.254	11	0.519	8	−0.442	19
湖南	−0.461	18	1.141	5	0.037	15	−0.261	21	−0.175	16
广东	1.169	9	−0.880	24	1.372	1	−0.243	20	0.793	9
广西	0.076	15	−1.805	30	1.215	2	0.381	11	−0.107	15
海南	−0.292	16	−0.337	17	0.717	6	−0.236	19	−0.224	17
重庆	0.941	11	−1.159	27	0.281	10	0.654	6	0.564	13
四川	1.687	7	0.472	10	−1.542	29	0.964	2	1.235	7
贵州	−1.479	21	0.552	9	0.072	14	0.862	4	−0.928	21
云南	−1.594	23	−0.822	22	0.227	12	0.940	3	−1.201	23
陕西	−1.536	22	0.805	7	−0.084	17	0.128	15	−0.985	22
甘肃	−3.128	27	0.188	11	−0.323	23	−0.511	25	−2.280	27
青海	−3.917	29	−0.385	18	−0.539	26	−1.020	27	−2.980	29
宁夏	−2.558	24	−0.547	20	−0.103	18	−0.299	22	−1.951	24
新疆	−3.176	28	−1.112	26	−0.348	24	0.138	14	−2.473	28

二、2009年小城镇公共服务供给的相关数据运用主成分分析的主要步骤

1. 数据正向化和标准化处理

2009年构建的小城镇公共服务供给评价指标全部为正指标。由于小城镇公共服务的各项评价指标分别具有不同的量纲和量级，如果直接采用原始值就会造成偏差，因此我们选择标准化方法对原始指标进行无量纲化处理。

2. 判定指标体系可降维

设 p 维原始指标体系变量为 $X = (x_1, x_2, \cdots, x_p)'$。标准化处理后的矩阵为 $X^* = (x_1^*, x_2^*, \cdots, x_p^*)'$。如果变量间有相关系数的绝对值 ≥ 0.8，则可对指标体系进行降维处理。运用 SPSS 19.0 进行处理，如附表 6 相关系数矩阵所示，x_{10}^* 与 x_5^*、x_7^* 之间的相关系数分别为 0.909、0.833，说明可以对数据降维。

附表 6 相关系数矩阵

变量	x_1^*	x_2^*	x_3^*	x_4^*	x_5^*	x_6^*	x_7^*	x_8^*	x_9^*	x_{10}^*	x_{11}^*
x_1^*	1.000	0.651	0.439	0.495	0.331	0.025	0.407	0.388	0.499	0.377	0.390
x_2^*	0.651	1.000	0.482	0.782	0.393	0.069	0.558	0.478	0.679	0.376	0.396
x_3^*	0.439	0.482	1.000	0.656	0.737	0.449	0.821	0.677	0.747	0.748	0.625
x_4^*	0.495	0.782	0.656	1.000	0.608	0.350	0.629	0.579	0.689	0.531	0.569
x_5^*	0.331	0.393	0.737	0.608	1.000	0.556	0.733	0.477	0.593	0.909	0.699
x_6^*	0.025	0.069	0.449	0.350	0.556	1.000	0.548	0.186	0.351	0.562	0.524
x_7^*	0.407	0.558	0.821	0.629	0.733	0.548	1.000	0.549	0.902	0.833	0.755
x_8^*	0.388	0.478	0.677	0.579	0.477	0.186	0.549	1.000	0.510	0.572	0.559
x_9^*	0.499	0.679	0.747	0.689	0.593	0.351	0.902	0.510	1.000	0.675	0.662
x_{10}^*	0.377	0.376	0.748	0.531	0.909	0.562	0.833	0.572	0.675	1.000	0.799
x_{11}^*	0.390	0.396	0.625	0.569	0.699	0.524	0.755	0.559	0.662	0.799	1.000

3. 判定主成分 $F_1, F_2, \cdots, F_k$ 有较为清楚的解释

如附表 7 所示，列数 $s = 1$ 时，初始因子载荷阵 A_1^0（附表 7 A_4^0 的第 1 列）达到简单结构。从多个不同列的旋转后因子载荷阵中挑选（附表 7 频数的第 2~6 列），$m = 1$ 时，旋转后因子载荷阵 $A_1^0 \Gamma_1$ 达到简单结构。

附表 7 因子载荷阵（成分矩阵）

变量	A_4^0（初始因子载荷阵、主成分载荷阵）				$A_1^0 \Gamma_1$（旋转后因子载荷阵）
	1	2	3	4	1
x_1	0.567*	0.569*	0.111	0.504*	0.567
x_2	0.678*	0.617*	0.226	−0.155	0.678

续表

变量	A_4^0（初始因子载荷阵、主成分载荷阵）				$A_1^0\Gamma_1$（旋转后因子载荷阵）
	1	2	3	4	1
x_3	0.876*	−0.055	−0.181	−0.077	0.876
x_4	0.804*	0.291	0.141	−0.336	0.804
x_5	0.836*	−0.306	−0.018	0.128	0.836
x_6	0.536*	−0.633*	0.338	−0.135	0.536
x_7	0.920*	−0.127	0.094	−0.025	0.920
x_8	0.701*	0.168	−0.613*	−0.177	0.701
x_9	0.867*	0.144	0.167	−0.074	0.867
x_{10}	0.878*	−0.318	−0.106	0.218	0.878
x_{11}	0.825*	−0.217	−0.055	0.172	0.825

注：* 表示因子载荷值大于显著相关的临界值。

如附表 8 所示，由附表 7 的 A_1^0 得到附表 8 频数的第 1 列，附表 8 频数的第 1 列和第 2 列表明 A_1^0 和 $A_1^0\Gamma_1$ 是一致的简单结构，故主成分为较为清楚的解释。

附表 8 因子载荷阵每行元素最大绝对值靠近 1 频数表

每行因子载荷最大绝对值区间	频数					
	A_1^0	$A_1^0\Gamma_1$	$A_2^0\Gamma_2$	$A_3^0\Gamma_3$	$A_4^0\Gamma_4$	$A_t^0\Gamma_t$, t=5~11
>0.9	1	1				
0.8~0.9	6	6				
0.7~0.8	1	1				
0.6~0.7	1	1	2	1		
0.5~0.6	2	2	1		1	
0.4~0.5						
<0.4			8	10	10	11
合计	11	11	11	11	11	11

4. 确定主成分个数 k

假设变量是正态分布，1%的显著水平下，当样本个数为30时，显著相关的临界值是 $r(n-2) = r(28) = 0.463$[①]。对于初始因子载荷阵 $A_n^0 = \{|a_{ij}|\}$，$n = 11$，对照附表7（附表7列出了初始因子载荷阵的前4列）中各列的因子载荷，有：

对于因子1（附表7第1列），$\max\{|a_{i1}|\} = 0.920 > r(n-2) = 0.463$；

对于因子2（附表7第2列），$\max\{|a_{i2}|\} = 0.633 > r(n-2) = 0.463$；

对于因子3（附表7第3列），$\max\{|a_{i3}|\} = 0.613 > r(n-2) = 0.463$；

对于因子4（附表7第4列），$\max\{|a_{i4}|\} = 0.504 > r(n-2) = 0.463$；

而对于因子5~11（第5~11列），均有 $\max\{|a_{ij}|\} < r(n-2) = 0.463$。

由此，主成分 F_1，F_2，F_3，F_4 与 X^* 显著相关，故 $k = 4$，累计方差率为 85.695%（见附表9）。

附表9 解释的总方差

成分	初始特征值			提取平方和载入		
	合计	方差的（%）	累计（%）	合计	方差的（%）	累计（%）
1	6.722	61.107	61.107	6.722	61.107	61.107
2	1.501	13.641	74.749	1.501	13.641	74.749
3	0.658	5.978	80.727	0.658	5.978	80.727
4	0.546	4.968	85.695	0.546	4.968	85.695
5	0.477	4.332	90.027	0.477	4.332	90.027
6	0.379	3.445	93.472	0.379	3.445	93.472
7	0.355	3.225	96.698	0.355	3.225	96.698
8	0.185	1.681	98.379	0.185	1.681	98.379
9	0.096	0.876	99.255	0.096	0.876	99.255
10	0.050	0.454	99.709	0.050	0.454	99.709
11	0.032	0.291	100	0.032	0.291	100

[①] 茆诗松等. 概率论与数理统计 [M]. 北京：中国统计出版社，2000.

5. 计算各主成分的得分及综合主成分的得分

根据公式 $F_j = \sum_{i=1}^{p} \dfrac{a_{ij}}{\sqrt{\lambda_j}} x_i^*$，用标准化变量 x_i^* 以及初始因子载荷 a_{ij} 计算各主成分的得分：

$F_1 = 0.219x_1^* + 0.262x_2^* + 0.338x_3^* + 0.310x_4^* + 0.322x_5^* + 0.207x_6^* + 0.355x_7^* + 0.270x_8^* + 0.334x_9^* + 0.339x_{10}^* + 0.318x_{11}^*$

$F_2 = 0.464x_1^* + 0.504x_2^* - 0.045x_3^* + 0.238x_4^* - 0.250x_5^* - 0.517x_6^* - 0.104x_7^* + 0.137x_8^* + 0.118x_9^* - 0.260x_{10}^* - 0.177x_{11}^*$

$F_3 = 0.137x_1^* + 0.279x_2^* - 0.223x_3^* + 0.174x_4^* - 0.022x_5^* + 0.417x_6^* + 0.116x_7^* - 0.756x_8^* + 0.206x_9^* - 0.131x_{10}^* - 0.068x_{11}^*$

$F_4 = 0.682x_1^* - 0.210x_2^* - 0.104x_3^* - 0.455x_4^* + 0.173x_5^* - 0.183x_6^* - 0.034x_7^* - 0.240x_8^* - 0.100x_9^* + 0.295x_{10}^* + 0.233x_{11}^*$

在确定各主成分所占权重时，采用指标权重的归一化处理，即所有指标的权重之和为1，如前式（1）所示，得到下式：

$F_{综} = \omega_1 F_1 + \omega_2 F_2 + \omega_3 F_3 + \omega_4 F_4 = 0.713 F_1 + 0.159 F_2 + 0.069 F_3 + 0.058 F_4$
$= 0.279 x_1^* + 0.274 x_2^* + 0.212 x_3^* + 0.245 x_4^* + 0.199 x_5^* + 0.084 x_6^* + 0.243 x_7^* + 0.148 x_8^* + 0.266 x_9^* + 0.208 x_{10}^* + 0.207 x_{11}^*$

2009 年 30 个省（直辖市、自治区）主成分得分及排名、综合得分及排名情况如附表 10 所示。

附表 10　2009 年各省（直辖市、自治区）主成分得分及排名和综合得分及排名

省（直辖市、自治区）	F_1		F_2		F_3		F_4		综合得分	排名
	得分	排名	得分	排名	得分	排名	得分	排名		
北京	1.253	9	1.627	3	0.321	10	0.632	7	1.212	6
天津	2.619	5	0.250	15	0.542	6	0.693	5	1.985	4
河北	0.560	13	-1.258	26	-0.315	21	0.385	9	0.200	15
山西	0.611	11	-1.470	29	0.004	16	1.418	1	0.284	13
内蒙古	-3.927	30	0.150	16	-0.661	29	0.089	14	-2.817	30
辽宁	-1.295	20	-0.034	18	-0.183	17	-0.021	16	-0.943	20
吉林	-2.840	25	0.076	17	-0.380	23	0.311	10	-2.022	24

续表

省（直辖市、自治区）	F_1		F_2		F_3		F_4		综合得分	排名
	得分	排名	得分	排名	得分	排名	得分	排名		
黑龙江	-2.977	26	0.359	12	-0.484	27	0.885	4	-2.048	25
上海	5.709	2	1.474	4	0.733	5	0.632	6	4.393	1
江苏	5.980	1	1.776	1	-3.146	30	-0.703	25	4.287	2
浙江	1.568	6	-0.284	20	-0.310	20	-0.970	28	0.995	9
安徽	0.591	12	-1.402	28	0.329	9	-1.899	30	0.111	16
福建	0.377	14	0.675	9	0.843	4	-0.054	18	0.432	11
江西	-0.302	18	-0.758	23	0.536	7	-1.011	29	-0.357	18
山东	3.262	4	-1.401	27	-0.251	18	1.262	2	2.158	3
河南	3.485	3	-4.149	30	0.230	11	0.294	11	1.858	5
湖北	-0.428	19	0.977	6	0.221	12	-0.281	22	-0.150	17
湖南	-0.252	17	-0.845	24	0.075	15	-0.942	27	-0.364	19
广东	1.404	7	0.474	11	1.107	2	-0.165	20	1.144	7
广西	0.125	15	1.647	2	1.512	1	-0.773	26	0.412	12
海南	0.115	16	0.825	8	1.030	3	-0.093	19	0.280	14
重庆	1.058	10	1.276	5	0.476	8	0.133	13	0.998	8
四川	1.285	8	0.303	14	-0.416	24	-0.273	21	0.920	10
贵州	-1.340	21	-0.409	21	0.118	14	0.406	8	-0.989	21
云南	-1.751	23	0.531	10	0.145	13	0.237	12	-1.140	22
陕西	-1.479	22	-0.885	25	-0.304	19	-0.605	23	-1.252	23
甘肃	-3.345	27	-0.436	22	-0.458	26	0.055	15	-2.483	28
青海	-3.860	29	0.317	13	-0.527	28	-0.037	17	-2.740	29
宁夏	-2.805	24	-0.237	19	-0.359	22	-0.644	24	-2.101	26
新疆	-3.404	28	0.833	7	-0.428	25	1.038	3	-2.265	27

三、2011年小城镇公共服务供给的相关数据运用主成分分析的主要步骤

1. 数据正向化和标准化处理

2011年构建的小城镇公共服务供给评价指标全部为正指标。由于小城镇公共服务的各项评价指标分别具有不同的量纲和量级,如果直接采用原始值就会造成偏差,因此我们选择标准化方法对原始指标进行无量纲化处理。

2. 判定指标体系可降维

设 p 维原始指标体系变量为 $X = (x_1, x_2, \cdots, x_p)'$。标准化处理后的矩阵为 $X^* = (x_1^*, x_2^*, \cdots, x_p^*)'$。如果变量间有相关系数的绝对值≥0.8,则可对指标体系进行降维处理。运用 SPSS 19.0 进行处理,如附表11相关系数矩阵所示,x_7^* 与 x_8^*、x_9^*、x_{10}^* 之间的相关系数分别为0.903、0.925、0.801,说明可以对数据降维。

附表11 相关系数矩阵

变量	x_1^*	x_2^*	x_3^*	x_4^*	x_5^*	x_6^*	x_7^*	x_8^*	x_9^*	x_{10}^*	x_{11}^*
x_1^*	1.000	0.627	0.474	0.576	0.464	0.162	0.474	0.494	0.488	0.401	0.351
x_2^*	0.627	1.000	0.516	0.786	0.506	0.136	0.594	0.639	0.671	0.373	0.306
x_3^*	0.474	0.516	1.000	0.664	0.764	0.505	0.784	0.889	0.731	0.734	0.673
x_4^*	0.576	0.786	0.664	1.000	0.636	0.377	0.544	0.685	0.609	0.494	0.469
x_5^*	0.464	0.506	0.764	0.636	1.000	0.591	0.756	0.746	0.672	0.896	0.687
x_6^*	0.162	0.136	0.505	0.377	0.591	1.000	0.523	0.452	0.408	0.596	0.566
x_7^*	0.474	0.594	0.784	0.544	0.756	0.523	1.000	0.903	0.925	0.801	0.781
x_8^*	0.494	0.639	0.889	0.685	0.746	0.452	0.903	1.000	0.828	0.779	0.752
x_9^*	0.488	0.671	0.731	0.609	0.672	0.408	0.925	0.828	1.000	0.657	0.692
x_{10}^*	0.401	0.373	0.734	0.494	0.896	0.596	0.801	0.779	0.657	1.000	0.775
x_{11}^*	0.351	0.306	0.673	0.469	0.687	0.566	0.781	0.752	0.692	0.775	1.000

3. 判定主成分 F_1, F_2, $\cdots$, F_k 有较为清楚的解释

如附表12所示，列数 s = 1 时，初始因子载荷阵 A_1^0（附表12 A_4^0 的第1列）达到简单结构。从多个不同列的旋转后因子载荷阵中挑选（附表12频数的第2~6列），m = 1 时，旋转后因子载荷阵 $A_1^0\Gamma_1$ 达到简单结构。

附表12 因子载荷阵（成分矩阵）

变量	A_4^0（初始因子载荷阵、主成分载荷阵）				$A_1^0\Gamma_1$（旋转后因子载荷阵）
	1	2	3	4	1
x_1	0.604*	0.518*	0.212	0.529*	0.604
x_2	0.686*	0.637*	0.015	−0.199	0.686
x_3	0.884*	−0.05	−0.027	−0.066	0.884
x_4	0.763*	0.399	0.318	−0.264	0.763
x_5	0.878*	−0.165	0.186	0.084	0.878
x_6	0.592*	−0.522*	0.477*	−0.167	0.592
x_7	0.926*	−0.092	−0.278	−0.004	0.926
x_8	0.935*	0.015	−0.195	−0.076	0.935
x_9	0.878*	0.088	−0.316	−0.105	0.878
x_{10}	0.859*	−0.329	0.031	0.191	0.859
x_{11}	0.807*	−0.347	−0.138	0.131	0.807

注：*表示因子载荷值大于显著相关的临界值。

如附表13所示，由附表12的 A_1^0 得到附表13频数的第1列，附表13频数的第1列和第2列表明 A_1^0 和 $A_1^0\Gamma_1$ 是一致的简单结构，故主成分为较为清楚的解释。

附表13 因子载荷阵每行元素最大绝对值靠近1频数表

每行因子载荷最大绝对值区间	频数					
	A_1^0	$A_1^0\Gamma_1$	$A_2^0\Gamma_2$	$A_3^0\Gamma_3$	$A_4^0\Gamma_4$	$A_t^0\Gamma_1$, t = 5~11
>0.9	2	2				
0.8~0.9	5	5				

每行因子载荷最大绝对值区间	频数					
	A_1^0	$A_1^0\Gamma_1$	$A_2^0\Gamma_2$	$A_3^0\Gamma_3$	$A_4^0\Gamma_4$	$A_t^0\Gamma_t$, t=5~11
0.7~0.8	1	1				
0.6~0.7	2	2	1			
0.5~0.6	1	1	2		1	
0.4~0.5				1		
<0.4			8	10	10	11
合计	11	11	11	11	11	11

4. 确定主成分个数 k

假设变量是正态分布，1%的显著水平下，当样本个数为30时，显著相关的临界值是 $r(n-2) = r(28) = 0.463$[①]。对于初始因子载荷阵 $A_n^0 = \{|a_{ij}|\}$，n = 11，对照附表12（附表12列出了初始因子载荷阵的前4列）中各列的因子载荷，有：

对于因子1（附表12第1列），$\max\{|a_{i1}|\} = 0.935 > r(n-2) = 0.463$；

对于因子2（附表12第2列），$\max\{|a_{i2}|\} = 0.637 > r(n-2) = 0.463$；

对于因子3（附表12第3列），$\max\{|a_{i3}|\} = 0.477 > r(n-2) = 0.463$；

对于因子4（附表12第4列），$\max\{|a_{i4}|\} = 0.529 > r(n-2) = 0.463$；

而对于因子5~11（第5~11列），均有 $\max\{|a_{ij}|\} < r(n-2) = 0.463$。

由此，主成分 F_1, F_2, F_3, F_4 与 X^* 显著相关，故 k = 4，累计方差率为 88.5%（见附表14）。

附表14 解释的总方差

成分	初始特征值			提取平方和载入		
	合计	方差的（%）	累计（%）	合计	方差的（%）	累计（%）
1	7.21	65.543	65.543	7.210	65.543	65.543
2	1.382	12.564	78.107	1.382	12.564	78.107
3	0.644	5.854	83.961	0.644	5.854	83.961

① 茆诗松等. 概率论与数理统计 [M]. 北京：中国统计出版社，2000.

续表

成分	初始特征值			提取平方和载入		
	合计	方差的 (%)	累计 (%)	合计	方差的 (%)	累计 (%)
4	0.499	4.539	88.500	0.499	4.539	88.500
5	0.395	3.594	92.094	0.395	3.594	92.094
6	0.314	2.853	94.947	0.314	2.853	94.947
7	0.274	2.491	97.438	0.274	2.491	97.438
8	0.131	1.189	98.626	0.131	1.189	98.626
9	0.083	0.753	99.379	0.083	0.753	99.379
10	0.046	0.419	99.798	0.046	0.419	99.798
11	0.022	0.202	100	0.022	0.202	100

5. 计算各主成分的得分及综合主成分的得分

根据公式 $F_j = \sum_{i=1}^{p} \frac{a_{ij}}{\sqrt{\lambda_j}} x_i^*$，用标准化变量 x_i^* 以及初始因子载荷 a_{ij} 计算各主成分的得分：

$$F_1 = 0.225x_1^* + 0.255x_2^* + 0.329x_3^* + 0.284x_4^* + 0.327x_5^* + 0.220x_6^* + 0.345x_7^* + 0.348x_8^* + 0.327x_9^* + 0.320x_{10}^* + 0.301x_{11}^*$$

$$F_2 = 0.441x_1^* + 0.542x_2^* - 0.043x_3^* + 0.339x_4^* - 0.140x_5^* - 0.444x_6^* - 0.078x_7^* + 0.013x_8^* + 0.075x_9^* - 0.280x_{10}^* - 0.295x_{11}^*$$

$$F_3 = 0.264x_1^* + 0.019x_2^* - 0.034x_3^* + 0.396x_4^* + 0.232x_5^* + 0.594x_6^* - 0.346x_7^* - 0.243x_8^* - 0.394x_9^* + 0.039x_{10}^* - 0.172x_{11}^*$$

$$F_4 = 0.749x_1^* - 0.282x_2^* - 0.093x_3^* - 0.374x_4^* + 0.119x_5^* - 0.236x_6^* - 0.006x_7^* - 0.108x_8^* - 0.149x_9^* + 0.270x_{10}^* + 0.185x_{11}^*$$

在确定各主成分所占权重时，采用指标权重的归一化处理，即所有指标的权重之和为1，如前式（1）所示，得到下式：

$$F_{综} = \omega_1 F_1 + \omega_2 F_2 + \omega_3 F_3 + \omega_4 F_4 = 0.741F_1 + 0.142F_2 + 0.066F_3 + 0.051F_4$$

$$= 0.285x_1^* + 0.253x_2^* + 0.231x_3^* + 0.266x_4^* + 0.244x_5^* + 0.127x_6^* + 0.221x_7^* + 0.238x_8^* + 0.219x_9^* + 0.214x_{10}^* + 0.179x_{11}^*$$

2011年30个省（直辖市、自治区）主成分得分及排名、综合得分及排名情况如附表15所示。

附表15 2011年各省（直辖市、自治区）主成分得分及排名和综合得分及排名

省（直辖市、自治区）	F₁ 得分	排名	F₂ 得分	排名	F₃ 得分	排名	F₄ 得分	排名	综合得分	排名
北京	1.409	8	1.632	2	0.282	11	0.246	13	1.306	6
天津	2.648	5	0.637	9	0.646	7	0.800	4	2.135	5
河北	0.269	14	-1.125	28	0.050	16	0.326	11	0.060	16
山西	0.602	12	-1.645	29	0.448	10	1.278	1	0.308	14
内蒙古	-4.113	29	-0.362	20	-0.941	28	-0.349	22	-3.178	29
辽宁	-1.499	21	0.035	16	-0.200	20	-0.058	17	-1.122	21
吉林	-2.961	25	-0.168	18	-0.552	26	0.335	10	-2.237	26
黑龙江	-3.043	26	0.275	13	-0.369	24	1.067	3	-2.185	25
上海	6.642	1	0.237	14	-3.005	30	0.482	7	4.778	1
江苏	5.118	2	1.267	4	-0.312	22	-0.090	19	3.945	2
浙江	1.720	6	0.234	15	-0.222	21	-0.460	23	1.269	7
安徽	1.244	10	-0.818	26	0.044	17	-1.811	30	0.715	11
福建	0.393	13	0.883	7	0.919	1	0.122	15	0.483	12
江西	-0.212	19	-0.988	27	0.569	8	-1.188	29	-0.321	19
山东	3.014	4	-0.388	21	0.800	5	0.614	5	2.261	4
河南	3.837	3	-4.282	30	0.892	2	0.254	12	2.306	3
湖北	-0.141	18	0.846	8	0.113	15	-0.084	18	0.019	17
湖南	-0.104	17	-0.599	23	-0.082	18	-0.861	27	-0.212	18
广东	0.912	11	0.968	6	0.881	3	-0.567	25	0.842	10
广西	0.136	15	1.652	1	0.784	6	-0.805	26	0.346	13
海南	-0.053	16	1.121	5	0.829	4	-0.223	21	0.163	15
重庆	1.375	9	1.413	3	0.258	13	0.036	16	1.238	8
四川	1.550	7	-0.001	17	-0.735	27	-0.478	24	1.075	9
贵州	-1.179	20	-0.668	24	0.268	12	0.401	8	-0.930	20
云南	-1.850	23	0.424	12	0.546	9	0.524	6	-1.247	22

续表

省（直辖市、自治区）	F_1		F_2		F_3		F_4		综合得分	排名
	得分	排名	得分	排名	得分	排名	得分	排名		
陕西	−1.795	22	−0.269	19	−0.106	19	−0.197	20	−1.385	23
甘肃	−3.457	27	−0.535	22	−0.354	23	0.196	14	−2.650	28
青海	−4.474	30	−0.797	25	−1.206	29	−1.034	28	−3.560	30
宁夏	−2.437	24	0.506	11	0.136	14	0.365	9	−1.705	24
新疆	−3.548	28	0.515	10	−0.381	25	1.161	2	−2.520	27

参考文献

[1] Albert Solé-Ollé. Expenditure Spillovers and Fiscal Interactions: An Empirical Evidence from Local Governments in Spain [J]. Journal of Urban Economics, 2006, 59 (1): 32-53.

[2] Baicker Katherine. The Spillover Effect of State Spending [J]. Journal of Public Economics, 2005, 89 (2): 529-544.

[3] Barkley Paul W. Public Goods in Rural Areas: Problems, Policies, and Population [J]. American Journal of Agricultural Economics, 1974, 56 (5): 1135-1142.

[4] Boarnet M. G. Spillover and Locational Effects of Public Infrastructure [J]. Journal of Regional Science, 1998, 38 (1): 381-400.

[5] Bobbie Berkowitz. Rural Public Health Service Delivery: Promising New Directions [J]. American Journal of Public Health, 2004, 94 (10): 1678-1681.

[6] Carol Mansfield, George L. Van Houtven, Joel Huber. Compensating for Public Harms: Why Public Goods Are Preferred to Money [J]. Land Economics, 2002, 78 (3): 368-389.

[7] Case Anne C., James R. Hines Jr., and Harvey S. Rosen. Budget Spillovers and Fiscal Policy Interdependence [J]. Journal of Public Economics, 1993, 52 (3): 285-307.

[8] Choong-Ki Lee, Sang-Yoel Han. Estimating The Use and Preservation Values of National Parks' Tourism Resources Using a Contingent Valuation Method [J]. Tourism Management, 2002, 23 (5): 531-540.

[9] Denhardt Robert, Janet Denhardt. The New Public Service [J]. Public Administration Review, 2000, 60 (6): 549-559.

[10] Fleming, Christopher M. Cook, Averil. The Recreational Value of Lake Mckenzie, Fraser Island: An Application of the Travel Cost Method [J]. Tourism Management, 2008, 29 (6): 1197–1205.

[11] Francis Bloch, Unal Zenginobuz. The Effect of Spillovers on the Provision of Local Public Goods [J]. Review of Economic Design, 2007, 11 (3): 199–216.

[12] Fujii Satoshi, Kitamura Ryuichi, Suda Hideo. Contingent Valuation Method Can Increase Procedural Justice [J]. Journal of Economic Psychology, 2004, 25 (6): 877–889.

[13] Gidron B. Kramer R., Salmon L.M. Government and The Third Sector [M]. San Francisco: Jossey Bass Publishers, 1992.

[14] Holtz-Eakin, Douglas and Amy Ellen Schwartz. Spatial Productivity Spillovers from Public Infrastructure: Evidence from State Highway [J]. International Tax and Public Finance, 1995, 2 (3): 459–468.

[15] Horner L., Hazel L. Adding Public Value [M]. London: The Work Foundation, 2005.

[16] http://news.xinhuanet.com/politics/2013-11/12/c_118113190.htm.

[17] http://www.gov.cn/gongbao/content/2014/content_2644805.htm.

[18] http://www.mohurd.gov.cn/zcfg/xzfg/200611/t20061101_158933.html.

[19] http://www.sdpc.gov.cn/zcfb/zcfbtz/201507/t20150707_736663.html.

[20] John E. Thompson. Meeting Unfilled Public Service Needs in Rural Areas [J]. Journal of Farm Economics, 1963, 45 (5): 1140–1147.

[21] Kelly G., Muers S., Mulgan G. Creating Public Value: An Analytical Framework for Public Service Reform [M]. London: Cabinet Office, UK Government, 2002.

[22] Marc A. Zimmerman. Citizen Participation in Rural Health: A Promising Resource [J]. Journal of Public Health Policy, 1990, 11 (3): 323–340.

[23] Paul A. Samuelson, The Pure Theory of Public Expenditure [J]. The Review of Economics and Statistics, 1954 (36): 387–389.

[24] Salvador del Saz-Salazar, Leandro Garcia-Menendez.Public Provision Versus Private Provision of Industrial Land [J]. Land Use Policy, 2005, 22 (3): 215-223.

[25] Sen A. On Economic Inequality [M]. Oxford: Clarendon Press, 1997.

[26] Shorrocks R. The Class of Additively Decomposable Inequality Measures [J]. Econometrica, 1980, 3 (48): 613-625.

[27] Sita Nataraj Slavov. Public Versus Private Provision of Public Goods [J]. Journal of Public Economic Theory, 2014, 16 (2): 222-258.

[28] Stefano Galavotti. Reducing Inefficiency in Public Good Provision Through Linking [J]. Journal of Public Economic Theory, 2014, 16 (3): 427-466.

[29] Stoker G. Public Value Management: A New Narrative for Networked Governance [J]. American Review of Public Administration, 2006 (36): 41-57.

[30] Theil H. Economics and Information Theory [M]. Amsterdam: North Holland Publishing Company, 1967: 15-17.

[31] Timothy Besley, Stephen Coateb. Centralized Versus Decentralized Provision of Local Public Goods: A Political Economy Approach [J]. Journal of Public Economics, 2003, 87 (12): 2611-2637.

[32] Vossler Christian A., Kerkvliet Joe. A Criterion Validity Test of the Contingent Valuation Method: Comparing Hypothetical and Actual Voting Behavior for A Public Referendum [J]. Journal of Environmental Economics and Management, 2003, 45 (3): 631-649.

[33] Wuthnow R. Between States and Markets: The Voluntary Sector in Comparative Perspective [M]. Princeton: Princeton University Press, 1991.

[34] Young D. Alternative Models of Government-nonprofit Sector Relations: Theoretical and International Perspective [J]. Nonprofit and Voluntary Sector Quarterly, 2000 (29): 20.

[35] [美] 詹姆斯·布坎南. 民主财政论 [M]. 穆怀朋译. 北京: 商务印书馆, 1993.

[36] 陈春. 健康城镇化发展研究 [J]. 国土与自然资源研究, 2008 (4):

7-9.

[37] 陈锡文. 推进以人为核心的新型城镇化 [N]. 人民日报, 2015-12-07.

[38] 陈尧天. 网络治理视角下的公共服务供给研究 [D]. 长沙: 湖南大学硕士学位论文, 2010.

[39] 陈振明. 公共管理学: 一种不同于传统行政学的研究途径 [M]. 北京: 中国人民大学出版社, 2003.

[40] 戴维·奥斯本, 特德·盖布勒. 改革政府——企业精神如何改革着公共部门 [M]. 上海: 上海译文出版社, 2006.

[41] 傅德印. 应用多元统计分析 [M]. 北京: 高等教育出版社, 2013: 63-64.

[42] 高萍, 冯丹丹. 农村公共产品农民需求优先序的灰色关联分析——基于湖北农村问卷调查的研究 [J]. 财政研究, 2012 (3): 29-33.

[43] 韩振华等. 小城镇建设与职业教育发展互动问题探讨 [J]. 职业技术教育, 2006 (7): 12-14.

[44] 何艳玲. "公共价值管理": 一个新的公共行政学范式 [J]. 政治学研究, 2009 (6): 62-68.

[45] 贺香彬. 改革开放以来我国公共产品供给结构调整及动因探析 [J]. 辽宁行政学院学报, 2010 (8): 21-23.

[46] 胡仁柯. 我国小城镇基础设施融资研究 [D]. 天津: 天津大学硕士学位论文, 2006.

[47] 黄剑辉. 我国区域发展不平衡问题突出 [EB/OL]. 和讯网, 2014-12-21.

[48] 冀忠实, 宋又川. 小城镇基础设施建设投资社会多元化的探讨 [J]. 小城镇建设, 2006 (5): 12-16.

[49] 焦成焕. 论小城镇的公共产品供给 [J]. 黑龙江社会科学, 2013 (5): 48-51.

[50] 杰佛瑞·布伦南, 詹姆斯·布坎南. 规则的理由——宪政的政治经济学 [M]. 北京: 中国社会科学出版社, 2004.

[51] 孔祥智, 郑力文, 何安华. 城乡统筹下的小城镇公共产品供给问题

与对策探讨[J].林业经济,2012(1):77-82.

[52] 莱斯特·M.萨拉蒙.公共服务中的伙伴——现代福利国家中政府与非营利性组织的关系[M].田凯译.北京:商务印书馆,2008.

[53] 莱斯特·M.萨拉蒙.全球公民社会:非营利部门视界[M].北京:社会科学文献出版社,2007.

[54] 李华,张靖会.公共产品的需求收入弹性与市场供给的相关分析[J].财政研究,2008(10):37-39.

[55] 李克强.小城镇可持续发展中的公共产品供给问题研究[J].中央财经大学学报,2004(8):7-10.

[56] 李锐,谢长青.小城镇公共产品配置公平性研究——基于地理视角[J].农业技术经济,2012(6):22-29.

[57] 李晓燕.小城镇公共服务区域差异研究——基于省际数据的实证分析[J].首都经济贸易大学学报,2012(4):40-45.

[58] 林光平,龙志和,吴梅.我国地区经济收敛的空间计量实证分析:1978~2002年[J].经济学季刊,2005(10):67-81.

[59] 林海明,杜子芳.主成分综合评价应该注意的问题[J].统计研究,2013(8):25-31.

[60] 林海明.因子分析模型的改进与应用[J].数理统计与管理,2009,28(6):998-1012.

[61] 刘寒波,王贞,刘婷婷.地方公共服务供给对区域间要素流动的影响——不考虑本地交易成本的均衡分析[J].系统工程,2007(9):73-79.

[62] 刘建平,李云新.小城镇基础设施可持续供给的意义和价值[J].城市问题,2011(6):61-66.

[63] 刘伟忠.我国农村小城镇医疗保障体系的衰微及思考[J].广西社会科学,2005(8):170-172.

[64] 柳思维,徐志耀,唐红涛.公路基础设施对中部地区城镇化贡献的空间计量分析[J].经济地理,2011,31(2):237-241.

[65] 马克·莫尔.创造公共价值:政府战略管理[M].北京:清华大学出版社,2003.

[66] 马明.网络基础设施对区域创新能力影响的实证检验[J].统计与决策,2015(3):98-101.

[67] [美]曼瑟尔·奥尔森.集体行动的逻辑[M].陈郁等译.上海:上海人民出版社,1995.

[68] 倪可婷,陈姝霖,范松松.民间资本参与小城镇基础设施建设研究——基于公共政策视角[J].金华职业技术学院学报,2011(8):51-54.

[69] 冉勇,陈天柱.欠发达地区小城镇养老模式研究——以乐山市沐川县为例[J].人民论坛,2013(2):228-229.

[70] 石云霞,赵西萍.小城镇服务业人才培养问题研究[J].中国行政管理,2012(8):84-87.

[71] 斯蒂芬·戈德史密斯,威廉·D.埃格斯.网络化治理:公共部门的新形态[M].孙迎春译.北京:北京大学出版社,2008.

[72] 宋君.苏南小城镇制度性公共物品的可持续供给研究[J].苏州大学学报(哲学社会科学版),2009(5):5-7.

[73] 孙健,田星亮.网络化治理中公民参与的实现[J].江西社会科学,2010(5):18-22.

[74] 孙永军,刘国辉.居民消费需求与公共服务水平关系研究[J].山东工商学院学报,2010(2):12-15.

[75] 陶丹萍.网络治理理论及其应用研究:一个公共管理新途径的阐释[D].上海:上海交通大学硕士学位论文,2008.

[76] 陶永勇.小城镇发展:公共产品与制度创新[J].农村经济,2004(8):67-69.

[77] 特许经营不能等同PPP[N].中国经济导报,2015-05-14.

[78] 田星亮.论网络化治理的主体及其相互关系[J].学术界,2011(2):61-69.

[79] 王超,王震,唐欣,鲁松.小城镇的公共物品供给问题探析[J].中国经贸导刊,2010(19):93.

[80] 王成周.欠发达地区小城镇公共产品供给途径探析[J].乡镇经济,2004(7):22-23.

[81] 王春婷.政府购买公共服务的绩效影响因素探析[J].特区实践与理论,2012(2):49-51.

[82] 王卫东.农村小城镇社区教育存在的问题与对策[J].乡镇经济,2005(12),57-59.

[83] 王贤文,刘则渊,姜照华.中国区域科技发展的空间差异及其演变过程分析[J].中国科技论坛,2007(10):23-28.

[84] 王元京.创新城镇基础设施和公共服务设施投融资模式[J].宏观经济管理,2012(4):46-48.

[85] 魏下海.人力资本、空间溢出与省际全要素生产率增长——基于三种空间权重测度的实证检验[J].财经研究,2010(12):94-104.

[86] 吴俊培,张斌.积极财政政策挤入效应的实证分析[J].财贸经济,2013(7):5-16.

[87] 吴立保.论对小城镇民办幼儿教育的社会支持[J].学前教育研究,2005(4):19-21.

[88] 武彦民,李明雨.公共选择:公共财政理论可操作化的必由之路[J].财经论丛,2010(3):24-30.

[89] 席爱华等.小城镇职业教育模式研究[J].职业技术教育,2005(28):14-16.

[90] 夏良玉,沈光辉.实现社区教育从"学校—行政型"向"社区—社会型"转变——小城镇建设中社区教育发展对策研究[J].中国行政管理,2013(1):78-81.

[91] 谢长青,钱文荣.我国小城镇基础设施规模经济效应研究[J].农业经济问题,2009(10):59-66.

[92] 谢长青,翟印礼,李晓燕.农村城镇化中小城镇公共基础设施供求均衡分析与政策建议[J].商业研究,2006(21):128-130.

[93] 谢俊义.公共网络管理:台北市政府户政业务跨机关服务传递协力合作网络实证研究[D].台北:台湾政治大学博士学位论文,2009.

[94] 熊竞皓.成都市小城镇建设投融资机制分析[D].成都:四川农业大学硕士学位论文,2013.

[95] 许莉，万春.小城镇公共服务区域性差异测度[J].城市问题，2014（9）：60-64.

[96] 晏志谦.小城镇基础设施建设多元化融资模式的研究——基于成都市优先发展重点镇调查的实证分析[J].农村经济，2008（9）：70-73.

[97] 杨飞雪，王娟，李丽红.小城镇基础设施建设融资现状实证分析[J].长春理工大学学报（社会科学版），2010（3）：46-48.

[98] 叶青.中西部城镇化是中国经济的关键[EB/OL].（2014-03-10）. http：//opinion.haiwainet.cn/n/2014/0310/c232601-20385142.html.

[99] 尹小敏.农村城镇化进程中小城镇社区教育模式的构建[J].福建论坛（人文社会科学版），2009（6）：167-169.

[100] 孟宏斌.陕西小城镇社会保障制度创新[J].长安大学学报，2006（6）：19-22.

[101] 俞可平.治理与善治[M].北京：社会科学文献出版社，2000.

[102] 詹建芬.农村公共产品短缺中的地方政府行为理性分析[J].浙江社会科学，2007（3）：196-201.

[103] 詹姆斯·E.安德森.公共决策[M].唐亮译.北京：华夏出版社，1990.

[104] 詹姆斯·布坎南.自由、市场和国家[M].吴良健等译.北京：中国经济学院出版社，1988.

[105] 张啸天，翟印礼.公共产品供给对小城镇发展的实证研究——基于沈阳市22个小城镇的调查[J].农业经济，2010（9）：3-6.

[106] 赵捷.地区科技投入强度与经济发展对比分析[J].中国科技论坛，2004（3）：49-53.

[107] 郑文元，邹筱乐.小城镇社会保障制度初探[J].劳动保障通讯，2001（8）：32-33.

[108]《中国中小城市发展报告》编纂委员会.中小城市绿皮书：中国中小城市发展报告（2014）[M].北京：社会科学文献出版社，2014.

[109] 中国社会科学院语言研究所词典编辑室编.现代汉语词典[M].北京：商务印书馆，1987.